U0894979

别让产品死于运营

产品运营进阶指南

龚光鹤◎著

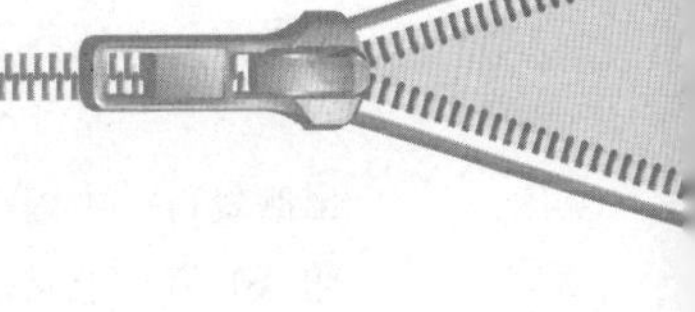

中国经济出版社
CHINA ECONOMIC PUBLISHING HOUSE
·北京·

图书在版编目（CIP）数据

别让产品死于运营：产品运营进阶指南／龚光鹤著.
北京：中国经济出版社，2018.3
ISBN 978-7-5136-4894-3
Ⅰ.①别… Ⅱ.①龚… Ⅲ.①企业管理—产品管理 Ⅳ.①F273.2
中国版本图书馆 CIP 数据核字（2017）第 248534 号

责任编辑 李丰 高晓晔
责任印制 马小宾
封面设计 任燕飞设计室

出版发行 中国经济出版社
印 刷 者 北京富泰印刷有限责任公司
经 销 者 各地新华书店
开　　本 710mm×1000mm 1/16
印　　张 19.75
字　　数 242 千字
版　　次 2018 年 3 月第 1 版
印　　次 2018 年 3 月第 1 次
定　　价 58.00 元
广告经营许可证 京西工商广字第 8179 号

中国经济出版社 **网址** www.economyph.com **社址** 北京市西城区百万庄北街 3 号 **邮编** 100037
本版图书如存在印装质量问题，请与本社发行中心联系调换（联系电话：010-68330607）

前言 preface

产品开发者将产品“诞生”出来，并不代表后续就能将产品运营得很成功，一旦做不好，就会死得很难看！如三星 smartwatches、诺基亚 N－Gaga、爱日租、极速鲜等，这些实体产品或互联网产品诞生初期的理念都很超前，也符合市场的发展趋势，但是最终却都“死”于市场洪流中。为什么？

因为运营没做好！

产品开发出来不代表就能顺风顺水，如果运营做好了，即便是将“死”的产品也可以“活”过来。来看看“网易云音乐”这款产品，它将告诉你产品运营的重要性。

网易云音乐是一款由网易开发的音乐产品，依附于专业音乐人、DJ、好友推荐及社交功能，为用户提供在线音乐服务，主打歌单、社交、大牌推荐和音乐指纹等功能。网易云音乐于 2013 年 4 月 23 日正式发布，截至 2017 年 6 月，产品已覆盖 iPhone、Android、Web、PC、iPad、WP8、Mac、Win10UWP、Linux 九大平台客户端。

网易云音乐在上线短短四年时间内，被贴满了各种标签："年度优秀视觉设计奖"、用户量超过3亿、估值达80亿元、最受欢迎的App、市场占有率上升最快的音乐播放器等。甚至在我们周围，可以看到，每10位"文艺青年"中就有6~8人在使用网易云音乐。用户对它的超高评价：精准推荐歌曲，评论感人，歌单丰富，语言风格符合年轻人等。

那么问题来了，在这些标签的背后，究竟有怎样的产品运营逻辑，网易云音乐又有哪些不为人知的绝门秘籍？为什么在众多音乐播放器越来越沉寂的当下，网易云音乐却能破土而出，在一片红海的音乐产品市场中俘获3亿用户呢？

这一切都是运营的功劳。

2013年之后，市面上已经有QQ、酷狗、酷我等音乐播放软件，并且已初具规模。网易相比阿里与腾讯，资金资源根本不占优势，在做音乐软件产品方面也是困难重重。很快，社交软件兴起，微博、微信等备受热捧。就是在这样的背景下，网易云音乐的产品运营者主打社交音乐，设计出三大核心玩法：个性化推荐、UGC歌单、评论和动态，为这款音乐产品带来了生机。

在共享经济和社交化经济时代下，网易云音乐的运营者跟随用户脚步，通过听歌评论、社区推荐等方式触动了人心，营造出了共享音乐、社群互动的氛围。此外，网易云音乐的运营者还根据不同的用户需求打造出不同的运营内容。例如，针对在校大学生做了校园差异化音乐推广，针对上班族做了创意内容营销。此外，在资源调配、执行效率等方面都能更快到位，这也是导致其成功不容忽视的因素。

网易云音乐的成功告诉我们一件事：运营很重要！如果你研发出一个

很有前景的产品，却没有好的运营团队去操作，恐怕只能昙花一现。在创业者市场，有众多团队创业做产品，也有众多创业失败的案例。事实上，失败者也许不是因为产品不够好，更多的可能是产品运营没做好！

产品运营涉及方方面面。在移动互联网时代，产品运营更是一个成熟的体系，包括产品定位、用户运营、内容运营、活动运营、品牌运营、新媒体运营、社群运营和数据运营等。本书全面系统地诠释了产品运营的思路、核心原则和方法体系。书中既有操作理念，又有运作技巧和实操工具，还有可资借鉴的真实案例。期望通过本书，能够为产品经理、产品运营者、营销策划者及创业人士开启一扇崭新的产品运营大门，助力读者站在用户角度，将产品运营的思路贯穿于整个产品生命周期内，以专业的运作方式收获意想不到的产品红利。

目录

content

第一章　产品运营：从1到10000+的过程

产品运营是指一切围绕着产品进行的人工干预。产品运营者必须要具备“四两拨千斤”的本事，通过运营，让产品“红起来”。别一味去逼产品和技术开发，即便他们做出再好的产品，离开了运营，产品还是会“死掉”。

第二章 做好产品定位，运营才能有的放矢

在进行运营之前，我们需要先设计好产品定位。你是否了解你的产品，了解产品的内在功能、优势、场景、体验特色等。把握好这些来自产品的定位因素，然后根据市场趋势、反馈、变化来制定产品运营方案，这样运营才能有的放矢，这也是成熟产品运营者必做的一个功课。

第三章 用户运营：由面到点展开

对产品运营者来说，不仅要对产品十分熟悉，还应该替用户讲出产品不足之处，达到完善产品、满足用户的需求，保持以用户为中心的运营姿态。为此，需要做到以下几点：搭建完整的用户体系，挖掘种子用户，引导用户产生优质 UGC，为产品谋求更多的附加值，强化用户增长机制等。

第四章 内容运营：由表及里延伸

做产品不做内容，等于白做！在互联网+营销的世界，内容运营可以说是整个产品运营的核心。它是产品的内涵和内在，直接关系着用户对产品的认知、购买、使用和推广。因此做一个人人都爱的内容产品，是产品运营者必须掌握的一门学问。

第五章 活动运营：有逻辑地层层递进

不会做活动，算什么运营者?! 做一个成功的产品运营者，必须学会做活动策划的高超本领。本章带领产品运营者进入一个活动策划的世界，全面解读产品运营中活动策划的文案创意和开展技巧。

第六章 品牌运营：战略决策向价值理念过渡

在互联网企业中流传这样一句话：“不想做品牌的运营不是好运营。”做运营的目的不仅是为了用户，也不仅是为了收益，更大程度上是为了做品牌。产品运营者的高超本领在于将一个名不见经传的产品做成一个知名品牌。

第七章 新媒体运营：跨越网络时空来创作

做产品运营，离开了新媒体等于船离开了水。在移动互联网时代，新媒体是产品运营者必须要掌握的运营工具。新媒体运营不仅仅是学会玩微信、微博那么简单，还需要更多的技巧性。本章将告诉产品运营者如何让你的产品在新媒体运营空间牛起来。

第八章 社群运营：由内部联系组合而成的体系

以往的商业模式是渠道为王，只要你掌握了渠道信息，你就拥有了话语权。如今的商业模式则是内容为王，人人都可以成为渠道宣传者，人人都可以是内容创造者。对产品运营者来说，社群就是渠道，社群就是核心用户群，做产品就是做社群。

第九章 数据运营：由横向到纵向思维导图

任何产品运营者都不敢说自己的运营是完美的，再好的运营也有纰漏。因此，产品运营者必须要做好数据调查和分析工作，通过数据信息和用户反馈发现运营中的不足，弥补失误，为下次运营做好准备。

第一章

产品运营：从1到10000+的过程

产品运营是指一切围绕着产品进行的人工干预。产品运营者必须要具备“四两拨千斤”的本事。通过运营，让产品“红起来”。别一味去逼产品和技术开发，即便他们做出再好的产品，离开了运营，产品还是会“死掉”。

运营到底是什么“鬼”

一个产品的经历十分有趣：从最初的创意（idea）到市场需求分析，再到产品设计、样机试生产，以及大规模生产，这样一款产品便诞生了。

在此，我们可以这样想象一下：如果一个产品从 idea 到最终成为产品需要经过从 0 到 100 的过程，那么对产品研发及生产的所有努力可以说是从 0 到 1 的过程，下一个阶段即面市后的运营就是从 1 到 100 的过程。

事实表明，一个产品能否真正成功，不仅要依赖于产品自身的设计以及功能优势，更依赖于产品上线后的运营模式。这就像生出一个聪明的孩子，希望将他培养成一名伟大的音乐家一样，如不经过自身的努力及后期的教育栽培，是不可能将理想变为现实的。

对产品熟悉的产品经理知道，产品上线后的大部分工作都是由运营负责的。

互联网时代的产品运营是基于互联网，以最低的预算、最优的路径、最高效的执行、最有效的手段吸引大批忠实用户，建立产品在市场上的竞争壁垒，并最终获得市场成功的一个过程。

当然，我们很有必要了解一下传统企业对“运营”的定义。对传统企业来说，即便无法给运营工作下一个确切的定义，也不会影响优秀的运营者带领自己的团队实现用户“获取”“激活”“留存”，并产生“传播”及“收入”行为。传统企业对“运营”的定义为：运营是指对产品经营的计划、组织、实施和控制，与产品生产和服务密切相关的各项管理工作的总称。

从传统意义上来理解产品运营，毫无疑问这个概念是复杂的，甚至有人认为，运营其实就是各项管理工作的总称。然而处在当前新经济的洪流中，无论是传统企业还是互联网企业，都应该对产品运营更加重视。如图1-1所示，一款产品从计划到正式推出，对应的运营工作往往非常繁杂，它包括了前期需要准备的各种运营计划及提案，产品上线时的运营方案组织与实施，以及对各种推广效果进行有效的监测等，这些都是产品运营者需要做的工作。

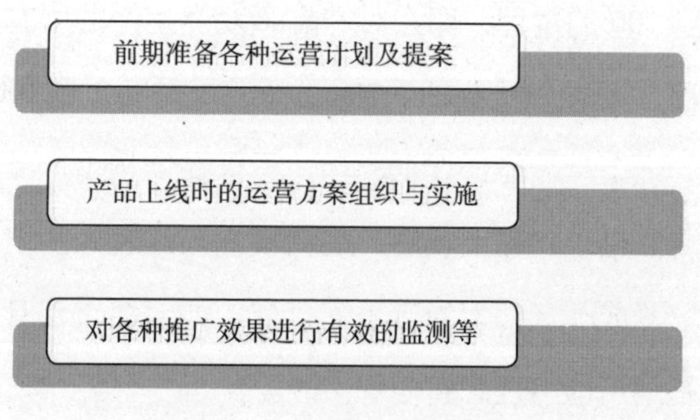

图1-1 产品运营的工作

当然，产品运营者还有更多细分的工作。搜索引擎优化（SEO），发布软文，内容的编辑审核，产品的种子用户获取，核心用户运营，活动的策划，甚至涉及部分公司及媒介的工作等，工作范围十分广泛。

此外，产品运营与整个产品的生产和服务也是密不可分的。如果没有产品，产品运营的价值自然无法体现，从这个角度来看，产品运营是依附在产品之上的。

产品运营必须具备三个要素，如图 1 – 2 所示。

产品运营必备要素		
产品运营必须基于产品本身	运营的做法永远朝着最高效前进	所有的运营手段都只为吸引忠实用户

图 1 – 2　产品运营的必备要素

第一，产品运营必须基于产品本身。我们不得不承认，任何形式的产品运营都是从产品出发的。运营的玩法有千万种，但如果与产品脱离，那么运营点子再精彩、再有噱头，也无法获得用户，更无法提高品牌声誉。可以说，脱离了产品的运营都是徒劳的。

第二，产品运营永远朝着最高效前进。正如前文所说，互联网时代下的产品运营是基于互联网产品的，以最低的预算、最优的路径、最高效的执行、最有效的手段吸引大批忠实用户，建立产品在市场上的竞争壁垒，并最终取得市场成功。

因此，产品运营必须要朝着最高效前进。这包括最低的预算、最优的路径、最高效的执行、最有效的手段。

例如最低的预算，不管是在成熟的项目里面做产品运营，还是在创业项目里面做产品的冷启动，运营者都面临着一个现实的问题——预算非常少，推广经费捉襟见肘。此时，运营者必须要以小博大，以四两拨千斤之势迅速获得大量用户。

最优的路径则是指产品运营不应该走弯路，尤其是互联网产品，运营者必须清楚网站现在面临什么样的问题，急需解决的问题是什么，要以什么样的方案达到目标。

最高效的执行和最有效的手段也是同样的道理。这些都考验着运营者，同时也是运营者必须要做到的。

第三，所有的运营手段都只为吸引忠实用户。产品运营的目的只有一个，即吸引忠实用户。只有吸引了忠实用户，最后才能赢利。一个产品最宝贵的价值在于拥有一批忠实的粉丝，然后形成一个良好的产品氛围。

成熟的产品运营者都很清楚，忠实用户会给产品带来很多好处，他们既充当测试者的角色，也充当产品经理的角色，同时兼具运营者的属性。忠实用户会不断把需求及使用过程中的不满反馈给生产者，也会不断把产品使用中让他们尖叫的功能分享给社交圈中的朋友，影响其他用户。

忠实用户对产品运营的贡献非常大，因此，一个成熟的产品运营链中缺少不了他们，而吸引他们也是新型产品运营的直接目的。

运营思路：解决用户痛点

在开始本节内容之前，我们先来试想一下：你进入一个初创公司，团队刚刚做完了一款产品，但是还没有运营团队来推广，这时候你接手了这个任务，你的肩膀上顿时有了沉重的使命感，因为这次运营很可能关系到企业的生死存亡。你必须从零开始运营推广这款产品，让目标用户使用它，实现产品价值，让企业一举成名。

那么你该怎么做呢?

有经验的产品运营者的做法如图 1－3 所示：第一步，熟悉公司的这款产品；第二步，大致拟出产品运营规划和思路；第三步，和团队一起确定规划和方向；第四步，撸起袖子开干。

这是一个有经验的产品运营者，其产品运营过程的大致轮廓。然而懂得了大方向，并不代表产品运营就能做好，做不好产品运营，企业很可能会落败。因此，我们需要细分接下来的产品运营过程。换句话说，企业生

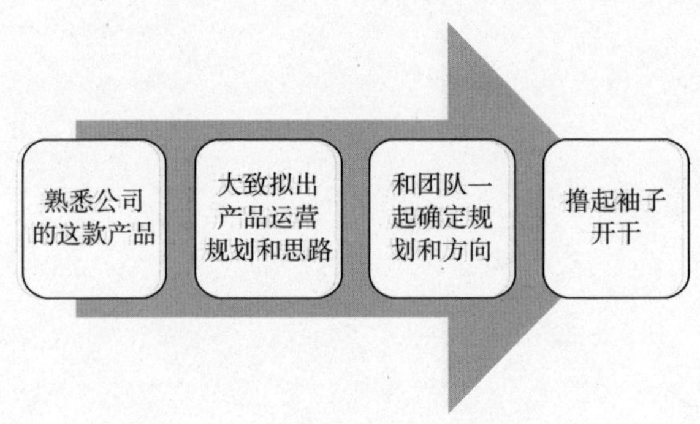

图1－3　有经验的产品运营者的做法

死存亡往往掌握在产品运营者的手中。

1. 组建运营团队

再优秀的产品运营者也不可能事事亲力亲为、面面俱到。一个人的精力和时间总是有限的，作为产品运营者，即便再有经验也要组建运营团队，通过团队的力量让一个企业生存下来，或者起死回生。那么，这个团队应该找有怎样能力的人？团队规模多大？团队中成员又该如何分工呢？

一个运营团队由活动运营、内容运营、用户运营这三大角色组成，见图1－4。

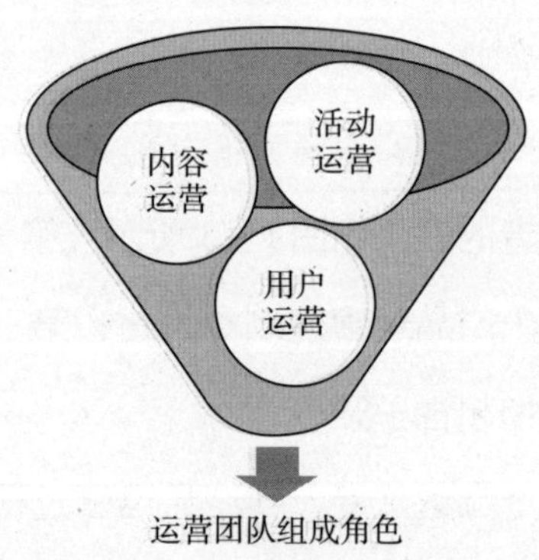

图1－4　运营团队的组成角色

在产品推广中，运营团队要围绕拉新、留存等目标开展工作。活动运营首先要想到一个创意点，然后内容运营配合写文案，用户运营则进行提前预热，活动中及时回应用户的问题，活动后收集用户反馈等。三类角色职责要分明。

对于一些产品运营决定企业成败的企业来说，尤其是运营初创团队，可采用去中心化的小团队结构组建运营团队，如“三三制”。

“三三制”是一种非常适合现代互联网企业的运营团队结构。三个人可以做到最大程度地灵活运营。换句话说，活动运营、内容运营和用户运营，每个人负责一块区域，各自分工，互相配合，组成一个高效战斗力的小团队。

成功组建运营团队之后，就要快马加鞭地拉用户，毕竟互联网竞争异常激烈，如果不能争分夺秒做运营，企业迟早会死亡。

2. 找目标用户，挖掘种子用户群

组建团队之后，接下来企业的成败取决于挖掘用户，找到目标用户。一般而言，运营者如果熟悉产品，就可以围绕产品去定位，基本都可以定位到目标群体。例如，Uber 是一个共享汽车平台产品，很容易定位到司机和乘客。

初步确定范围往往很容易，困难的是找到那些真正使用产品的用户。这时候就需要运营者解决用户的痛点，解决用户痛点之后，用户才会真正使用产品，并且不断反馈他们的需求，他们正是种子用户。

换句话说，用户不会因为你是某个领域的领军企业或者头号企业就使用你的产品，用户在乎的是你能给他带来什么价值和好处。

3. 扩大影响力

运营团队还需要明确一点，找到种子用户之后，接下来就要扩大用户

群，扩大影响力。

运营团队需要做到：凡是运营团队去过的地方或者建设过的领域，都要把这个领域里的人变成其用户，并且随时随地拉新，做用户调研。

此外，企业还需要降低门槛，简化流程，吸引更多用户。

假如企业推出一款理财产品，想要这款产品成功占有市场，那么在产品推广初始阶段为了维持好的氛围，可以采取邀请机制，降低门槛，吸引用户加入，然后等行业内理财专家对该产品有一定的认知，再转为注册制进一步扩大影响力。在这个过程中，要去除一些烦琐的审核流程，尽量让流程简化，提高用户体验。通过这一系列的调整和运营，用户量一定会得到很大提升。

当然还有一种运营方式可以扩大影响力，即“免费思维”。免费永远是做大市场的不二法则，也是口碑传播的最强动力。

当然，这里的“免费”不是真的免费，而是从人性角度出发，给用户带去实际的好处。

我们可以回想互联网外卖，团购品牌如糯米、美团，这些品牌的外卖产品定位于白领用户，竞争点在于高营养、服务好，一开始做了很多“免费”活动和推广（降价、优惠、红包等），下单量得以提升，这就是免费对产品运营的好处和意义。

4. 收集用户反馈信息

做运营，还需要深入了解用户，去听他们怎么说，只有这样才能真正了解用户的痛点和需求，真正有效地运营，让企业从亡到存。

例如运营一款移动医疗产品，有医生反馈这款产品没有什么实际用处，效果欠佳。但是运营者通过和医生沟通和观察后，发现医生并没有主动去争取用户，而是被动等待用户上门。

此时，运营者就需要耐心与医生沟通，比如向医生展示与用户互动的过程，让医生明白通过这种互动，可以减少很多麻烦，使产品发挥更大的价值。所以收集用户反馈信息对企业产品的运营至关重要。

有些企业尤其是初创企业，之所以会在短时间内消亡，很大程度上是因为没有做好运营，或者没有系统专业的运营模式和运营流程。针对这种情况，坚持按照上述四个步骤做运营，可以让企业起死回生，让企业和产品获得长远的发展。

运营用户活跃维度：让用户爱上你的 App 产品

我们做运营时需要时常换位思考，以用户的身份感受产品，也许会发现产品会有以下问题：

“这个产品怎么这么垃圾！”

“为什么功能这么差，用起来真不爽！”

当你发现这些问题的时候，说明你已经是一个有意识的运营者了。

优秀的产品都是运营出来的。当你真正去关注用户“吐槽”时，你才会知道产品哪里做得不好，哪里还有改善的空间等。事实上，运营就是要让用户可以跟你开心地玩耍。这里所说的“玩耍”是指提高用户活跃度。

用户活跃度真的有那么难提高吗？

我们以手机软件（App）产品为例。应用市场上大多数 App 产品的运营者更多关注“我的 App 有多少个用户”“每天拉新多少”等问题，而对用户激活率和活跃度并没有仔细分析。

App 产品的核心在于用户，想要提高用户活跃度，就要了解用户，让用户喜欢使用，并且觉得对他是有帮助的。

1. 明确产品对活跃用户的重要性

从产品角度谈活跃用户，我们首先要明确产品对活跃用户的重要性，活跃用户为什么会选择我们的产品。以 App 产品为例，我们必须清楚，用户下载使用我们的 App 产品，原因大概有以下几点：

（1）用户本身需要这样的 App，于是在应用商店搜索，匹配到了我们的 App 产品。

（2）用户在广告页面了解到我们的 App 十分有趣、好玩。

（3）用户在应用市场的排名榜中看到我们的 App 产品，于是下载。

（4）用户通过朋友的分享和传播，下载我们的 App 产品。

当然，不论是别人推荐的还是用户自己找到的，他们都是首次使用我们的 App 产品，“第一次”的感觉是非常重要的。这就好比人与人的相处，想要愉快地“玩耍”，第一印象往往至关重要。

假如我们的 App 产品非常差，使用体验特别不好，用户下载并且注册之后，很可能不到一分钟就卸载掉。如此一来，用户不可能跟我们开心地“玩耍”。

如果用户第一次使用我们的 App，发现真的很有趣，也很顺畅，那么自然会继续玩下去，这样我们就初步建立了与用户“玩耍”的基础。

2. 产品应该怎么做

我们知道了产品对用户的重要性，也打好了基础，那么接下来就要去真正做产品了。打个比方，两个小伙伴从见面开始彼此就产生了好感，可以预约下次一起玩耍，那么下次见面时，就需要好好准备一番。这个过程就是我们接下来要说的内容，我们还是以 App 产品为例。

做好产品应注意以下三点。

（1）优化用户体验。要优化用户体验，包括优化产品的设计、功能、使用流程。例如可以减少使用 App 过程中的 bug（软件漏洞）；不断提升 App 界面的加载速度，使用户使用起来更加顺畅；优化广告行为。

（2）产品要不断迭代，优化产品功能，增加更多创意有趣的小功能，在细节上打动用户，建立彼此的信任感。

（3）重视用户建议和反馈。

3. 运营者要与用户打好交道

明确了产品该怎么做之后，接下来产品运营者就要发挥自己的特长和优势，提高用户活跃度。换句话说，就是要和用户打好交道。

（1）了解用户。

对用户的了解来源于用户使用 App 的数据情况，通过 App 数据去分析了解。例如了解用户喜欢浏览哪些页面，为什么浏览这个页面之后就不再继续浏览了，用户地域分布情况等。实际上，这些是关于“用户画像”的内容。

（2）做好用户黏性。

了解用户、与用户打好交道，其实就是做好用户黏性。例如，我们打开微信，在微信订阅号中会发现很多企业每天都给用户推送一次消息，这就是很好地与用户“玩耍”打交道的方式。

很多产品运营者在与用户打交道时，往往想的是如何利用节日、热点来做活动，效果往往不理想。其实可以日常多做一些活动，这样会更好地粘住用户。例如唯品会、聚美优品等 App 产品，就通过签到、登录、积分等方式去做产品运营（与用户打交道），用户连续签到几天，就可以参加一些抽奖活动，这些运营方式都可以很好地与用户交流，时间久了，就会让用户对产品产生依赖，找到归属感，感情也就很好地建立起来。

（3）精细化内容推送

对于那些成熟老练的运营者来说，与用户“玩耍”早已是家常便饭。很多企业的 App 产品运营者就善于精细化推送消息，每天都给用户推送一些信息和优惠活动等，这些对用户而言都是迫切需求的，十分有吸引力，能够在很大程度上留住用户的心。

例如，聚美优品 App 就经常给用户推送精细化消息。如图 1－5 ，“这个夏天，我和面膜有个约会，晒后修复来一贴，肌肤缺水来一贴，全场满 199 减 100，此种钜惠怎能错过？”

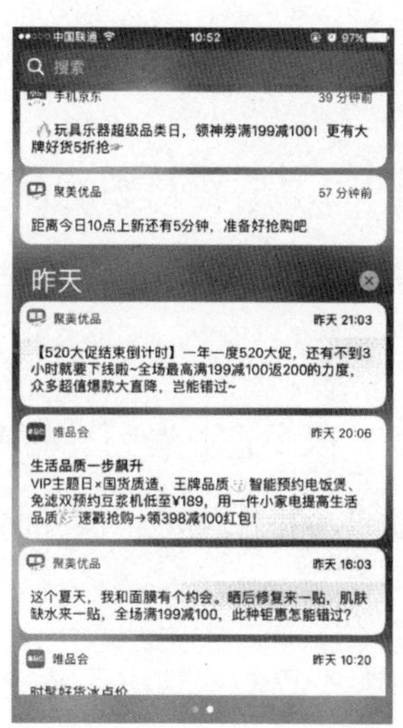

图 1－5 聚美优品 APP 推送的信息

这些信息不仅体现出了聚美优品 App 对用户的关心，还告诉用户有哪些优惠活动，既有心又用心，给用户带去了双重感动。与用户这样“打交道”，能很好地笼络用户，起到提高用户活跃度的效果。

运营方略：拯救“糟糕运营”

产品运营是一件技术活，不是所有人都可以成功，更不是效仿就有收获。事实上，在产品运营界中流传着这样一个不成文的规定：没有糟糕的产品，只有糟糕的运营。

当年微博营销十分火爆，很多企业看到一些微博账号运营成功之后，趋之若鹜，也开通了官方微博，并且花费了很多时间、精力打理，然而真正能运营好的却没几个。

什么样的运营是糟糕的呢？我们总结出了几个糟糕的运营模式，希望读者引以为鉴，不要盲目做产品运营。

1. 没有规划就开始做运营

很多企业的产品运营往往会犯这样的错误：还没想好具体怎么做，运营就已经开始了，这是一种盲目跟风的行为。例如，北京中关村有一位金融公司的产品推广负责人。由于公司刚成立不久，人手不足，推出产品之后，做产品运营的就只有他一个人，他接手后的第一个任务是做一份微信运营规划。

为了快速加入微信公众号的大军，这位运营者先是注册了一个微信公众账号，然后将过去运营官网、微博的套路用在微信公众号的运营上。在细节方面，这位运营者仅仅是在功能介绍栏贴上生硬的企业、产品介绍，紧接着定期发布资讯、观点（大都是都从网上复制过来的）。

结果，运营了几个月也没有任何效果。

从这个糟糕的运营案例我们可以看出，产品运营盲目跟风造势并不能成功。

星巴克的音乐互动、招商银行的爱心漂流瓶等微信运营活动大获成功之后，一夜之间几乎所有的企业都开始申请微信公众号，但很多运营者并没有搞明白为什么要这样做。别人为什么要关注你的微信公众号呢？最后运营者往往陷入主观定性之中，甚至退而求其次，只是在公众号中做产品展示、宣传——打硬广，硬广的内容更是十分俗套。

这是产品运营常见的现象：直接照抄官网信息、复制其他信息、硬性媒体新闻等，根本没有进行二次加工，无法避免地让企业、产品的硬性信息占据大量篇幅。这样没有规划、生搬硬套、盲目跟风的运营与精妙的运营相差甚远。

2. 过于追求粉丝数量

很多运营者一上来就强调粉丝数量，做规划时，总是把粉丝数量放在第一位。甚至很多企业的运营者还会举办一些加粉竞赛，希望让团队成员或者老用户来增加粉丝数量。声势虽然浩大，粉丝数量在短时间内往往也会上升，但是面临更多后续问题，如“僵尸粉”太多、粉丝负面评论增多、粉丝不积极等。这样运营很显然用错了方法和思路。

事实上，产品运营不只是加粉，如果前期的各种流程和细节做到位，粉丝数量自然会增加。将产品功能放大，推出体验环节、优惠活动、清新文案、情怀故事等，有了这些环节之后不用担心粉丝数量不增长。

了解了糟糕的运营是怎样的之后，我们需要明确如何正确地运营，下面来简单阐述一下。

第一，定位要准确，明确用户的需求。无论借助什么样的平台或者方式做产品运营，我们都必须要做好市场调查和产品定位，为用户提供一个很好的关注理由。即便每天都讲产品的特点和优势，只要满足了用户的需求，也是值得的。

第二，培养好种子用户。小米的成功很好地说明了种子用户的重要性。小米的成功归功于成千上万的“米粉”，其中最早的 100 名忠诚用户（种子用户）的贡献最为重要。因此，对企业来说，产品运营过程中尤其是产品运营前期，粉丝数量并不是最终目标，只要有种子用户就会有希望。

第三，注重活动内容，加强与用户交流。产品运营不是运营者自己讲话，也不是照搬硬性推广信息，而是需要特别注重活动内容，更要注重与用户交流。很多热门事件或创意活动不是规划出来的，而是需要创意点子的。运营者不要因为别人都在做某个活动就去效仿，事实上，多点创意，结合自己的产品特色做出来的活动更有趣味。

产品运营不是赶帮超占领阵地，而是真真正正地展示产品的特色。在这个过程中，产品运营者需要做好与用户的交流。例如邀请专家入驻企业产品平台，为用户解决难题，产生有效互动，与用户形成紧密联系，这样的产品运营才更有效。

更重要的是，产品运营者要抛开功利心做运营，不要一上来就想着如何赚钱。要先培养用户的信任，再规划盈利部分。好的运营是一步步实现的，不是一蹴而就的。

运营团队心智：有层次地“精神分裂”

产品运营不是一个人的事儿，一个人无法跟进完整的运营流程。一个人的精力毕竟是有限的，即便运营能力很强，运营经验很丰富，面对复杂的市场形势和竞争，依然没有把握打赢全场战争。因此，别指望只用一个运营高手就让产品运营畅通无阻。

产品运营需要团队合作，如果你还没有产品运营团队，那么从现在开始组建一个吧。

1. 明确产品运营团队的职责和目标

为了更好地执行落地，组建运营团队的过程中要先明确职责和目标，运营团队的职责和目标如图 1 - 6，包括企业的长远目标，达成目标的途径，现阶段的目标和企业可投入的现有资源。

企业的决策是一个自上而下的过程，上级传递的信息就是运营团队决

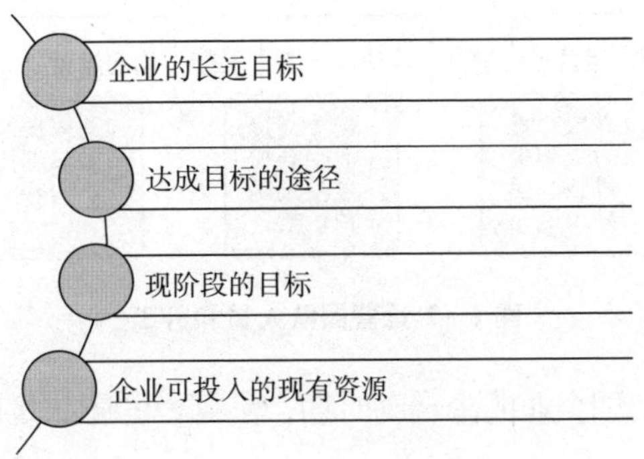

图 1 – 6　运营团队的职责和目标

策的依据，因此务必保证这些信息是准确完整的。

2. 确定团队人数并进行分工

明确了职责和目标之后，接下来就需要确定运营团队的人数和分工。

进行这项工作的依据是企业的产品运营模式，也就是现阶段需要通过什么方式来达成目标。根据运营模式，我们来确定团队的人数和具体的分工。

假设一款运动软件，为了提升用户黏性而需要做社区运营。运营模式是以激励核心用户贡献为主，策划优质内容为辅，吸引更多用户。

根据上述运营模式，需要设立 3 个角色，分别是用户运营者、活动运营者和内容运营者。因此，这款产品的运营团队至少要有 3 人，当然也可以根据产品的规模和运营规模来确定更多人数。

接下来，还需要明确每个角色的工作内容（分工），见图 1 – 7。

用户运营者：负责引入和管理核心用户；

活动运营者：通过活动的形式激励用户贡献；

内容运营者：根据产品策划优质内容。

对于不同类型和属性的企业，运营团队的人数需要根据具体的工作量

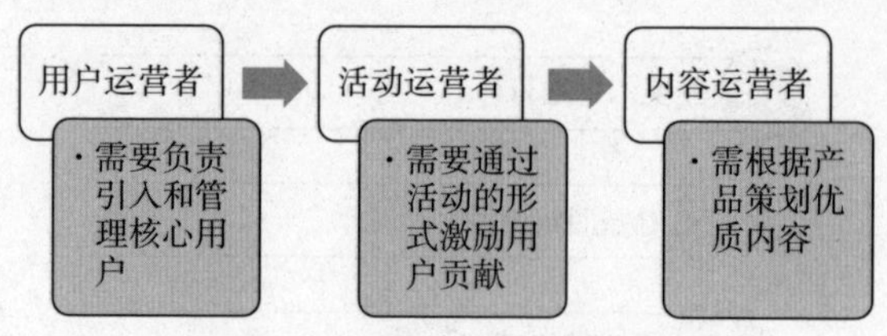

图1-7 运营团队人员和分工

来决定。如果是初创企业的冷启动时期，小规模的团队足以运转。

当然，在这里，我们需要注意一些组建运营团队时的细节问题，主要有以下几个。

（1）团队人数尽量不要太多。

因为没有运营团队，所以才要组建。当运营团队处于初建期时，对未来的运营情况并没有很明确的把握，很多环节只是停留在预估阶段。因此，我们要尽量把团队人数控制到最少，每个角色安排1~2人即可。我们要在前期将运营的流程摸熟。这也可以为未来的成熟运营预留空间。此外，小团队在运营执行过程中，成本也会低很多。尤其对于互联网产业，我们要知道，互联网产业不是劳动密集型产业，即便是小团队，只要充分调动成员的积极性，运营战斗力也能很强。

（2）团队成员的工作内容不要重叠

即便是3人的小团队，分别负责用户运营、活动运营和内容运营，工作内容也不能重叠。工作内容重叠很可能会影响团队成员的积极性和成就感，有时也无法直接判断工作成果来源于谁，不利于团队管理。

（3）团队成员要搭配有方。

即使运营团队只有3人，也要尽量做到有男有女，有“老”有“新”，最好是一“老”带两“新”。

我们可以把团队当作一个“个体”，看作是一个“人”。这个人在工作的过程当中要面临大大小小各种问题，做各种选择和决策，所以需要具备多种素质和能力，必须要有多面性格。例如一些细致、常规化的工作，需要团队拿出更女性化的一面；而对于那些潮流化、有力量感的工作，则需要一些年轻有活力的员工来完成。所以，团队中要男女搭配，也要新老搭配，这样就可以让团队具备多面综合素质，能够应对更复杂的问题。

当然，在实际工作中，企业遇到的问题会更多，需要根据具体的情况和因素来选择团队成员的搭配和比例。

运营思想：“挖空”运营者的脑精华

产品运营者一天的工作内容是什么？

我们以一个 APP 产品运营者的日常工作日志流程为例，来看一下运营者一天的工作内容都有哪些，见图 1－8。其工作内容主要包括数据分析、关注产品排名、渠道合作拓展、策划活动、参与产品策划和用各种手段获取用户。

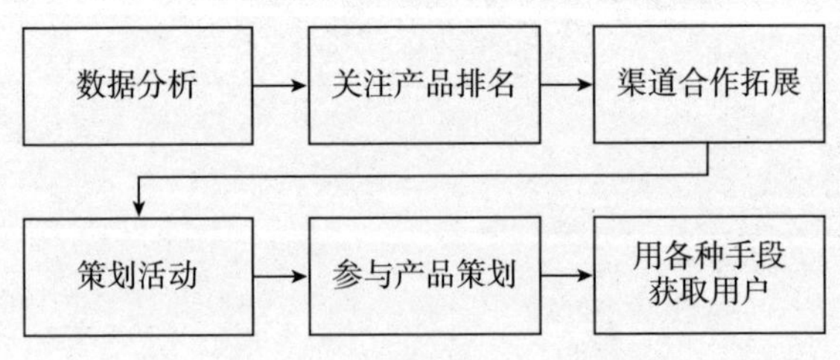

图 1－8　运营者的日志流程

1. 数据分析

每天上班产品运营者最先接触到的是数据。

产品运营者需要对这些数据进行整理并分析，然后关注指标，尤其要细致关注新增用户数、活跃用户数、留存用户数、产品点击率、激活率、投产比等数据。其间发现数据异常，一定要及时找出原因并改进。

2. 关注产品排名

接下来，产品运营者需要关注自己的产品在总榜、分类榜的排名、关键词变化、行业动态等情况，搜集竞品情报，从中了解一些近期的行业热点和趋势。在这个过程中还要不断思考与自己产品是否有结合点。

3. 渠道合作拓展

在这个环节中，产品运营者需要拓展合作渠道，开展各种对外合作，包括资源互换、活动合作、内容合作等。

4. 策划活动

产品运营者需要根据当前发生或者即将发生的节日、事件、热点等进行相关活动策划。在策划时，要拿出具体方案，以此来提高用户活跃度。

5. 参与产品策划

根据产品推广的需要，产品运营者需要根据获得的资源和信息提出相关需求，并参与到产品策划中。

6. 用各种手段获取用户

产品运营前期工作准备好之后，要开始商业化运作，寻求变现方式。简而言之，运营者更多的工作在于运用各种手段获取用户、留住用户、活跃用户，最终实现赢利。

当然并不是所有产品运营者的工作都如此系统。下面来看一个互联网产品运营者针对一款产品推广的运营日程：

上午：

看一下昨天的数据，然后浏览微信公众号、微博、邮件、博客论坛留言等，对所有的用户留言进行回复。

9 点，运营团队开会，决定将即将到来的“五一”活动页面做好，并且进行简单讨论。

开完会之后对微信推广可投放广告的自媒体账号进行梳理。

10 点，将昨晚写的软文发到新媒体平台（包括微博、微信、简书、贴吧、论坛）。

发完软文之后维护用户。在固有的微信群、QQ 群中进行沟通和交流，以此获得更多用户。

12 点左右，吃午饭。

下午：

下午大多数时间写文案和软文，为策划活动做准备。

4 点多开始做微博“话题活动”。在这个过程中与运营团队协商讨论，讨论微活动发什么奖品，做什么形式的抽奖活动等（活动策划）。做完微博抽奖活动之后，让业内和业余朋友帮忙转发。

下午 6 点，吃晚饭。

晚上：

晚上 7 点加班，继续写软文，并且决定在哪天发布这篇软文。然后继续和群内用户交流，维护用户群。

虽然维护用户群很浪费时间，但是做运营就是如此，需要每时每刻都了解用户的需求和心理，并且为即将到来的“五一”活动收集素材。

从此可见，产品运营者的工作十分忙碌和具体，而且所有工作的重点都围绕用户、内容和活动。这也让我们明确了运营者的工作重心，知道了该怎么做一名产品运营者。

运营新逻辑：走共享模式互助互利

得益于移动互联网的渗透和扩散，“闲置就是浪费”已经成为人们新的理念，也正是基于这种理念，很多用户逐渐产生使用但不购买、消费即是创业的新消费观念。显然，共享经济已成大势所趋。

1. 共享经济模式趋势化

共享经济是一种新的资源整合与匹配的经济模式，通过搭建平台使资源所有者与使用者之间的供需信息低成本、高效率、快速地流动，以实现资源充分利用、经济效率最大化、避免重复浪费的目的。共享经济的核心模式主要表现于“平台被共享、工具（资源）被共享、利益被共享”。截止到 2015 年，中国共享经济市场规模超过 1 万亿元。因此我们说，在移动互联网时代，共享经济迎来了大爆发。

在共享经济的大背景下，企业该如何实现产品利益最大化呢？这需要产品运营者学好共享经济课。产品运营者在这场热潮中扮演着不可或缺的角色，在共享经济趋势下，产品运营者通常的做法是搭建平台，并遵循共享逻辑参与其中。

首先，对企业来说，在共享经济背景下，可以研发一款基于共享经济理念的产品，在产品开发阶段就让运营者参与其中，从始至终让产品运营拥有新的思路，见图 1 – 9。

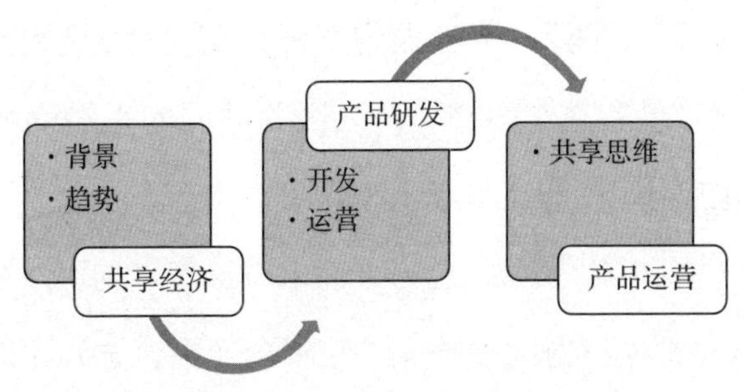

图 1 – 9　共享经济下的产品运营思路

2. 搭建互联网共享社交平台

在新的产品运营思路下搭建的共享经济平台，应以云计算、大数据为依托，在业务、标准、管理流程、应用和信息方面进行一体化设计，并且具备合理的架构。平台整体架构由基础网络层、基础能力层、管理支撑层和应用层组成。

共享经济是指通过把闲置的资源共享给他人，提高资源的利用率，获得回报和价值，同时在这个过程中体现出社交属性和理念。

下面以一个小故事为例，我们试着去理解共享经济的思维。

A 每天早上开车 8 点到达公司，停车之后在某平台发布一条租车信息，时间设定为上午 9 点到晚上 7 点（A 的上班时间）。如果有人租了 A 的车，那么 A 就可以赚一笔钱。

大家可以思考一下，A的汽车闲置时间多长，真正用车的时间多长，他要为此付出多少停车费、油费，等等。如果A的车没有被完全利用起来，就会造成资源闲置浪费。所以，共享经济是把闲置资源调配并极大利用。从这个角度我们可以看出共享经济最基本的本质是互助互利。

当A晚上下班时，他想，反正车上的座位空着也是空着，何不再赚点油费呢？于是他又在某平台上发布拼车信息。很快，他接了一名乘客，那个乘客主动和他聊天，两人一路上聊得很好，他们发现两人都很喜欢英格兰球队，都很喜欢曼谷这个城市，两人因为共同的兴趣爱好而成为了朋友。社交属性也在共享平台上显现出来。

综上所述，平台方、资源供应方、需求方这三者均可以在这个过程中得到自己所需要的收益或服务。汽车共享平台（平台方）可以获得一定比例的交易分成或会员费收入；汽车提供方（资源供应方）可以获得分享收益；乘客（需求方）可获得个人所需要的产品或服务。

所以，很多企业都在做共享经济平台产品，然后投放优秀的产品运营，设定符合共享经济模式的机制去打造共享和社交属性，被人们使用。

随着人们的需求越来越多，出现了很多垂直类需求产品，随着共享经济被推行。很多企业的产品运营逐渐在走共享模式道路，产品开发出来之后，与共享经济有关的产品运营就参与其中。

当然，在这种新思维下，还有一种模式被越来越多的产品运营者推崇，那就是社群共享平台。

3. 走社群共享平台路线

在共享经济的大趋势下，很多企业的产品运营者将矛头指向了社群共享平台。

在社群共享平台进行产品运营，既迎合了互联网共享经济趋势，也符合用户的需求，具有三个方面的优势：第一，成本低；第二，与用户建立连接；第三，可持续运营。

例如，企业推出一款产品，以培训为赚钱手段，需要召集学员。那么，产品运营者就可以搭建一个知识类社群共享平台。知识类社群共享平台是一个低成本的共享平台。在这个平台上有大量有共享需求和爱好的用户，除了分享知识，还可以为社群成员提供更多更有意思的共享服务，用户随时可获取最新的资讯和资源。

此外，产品运营者还可以在这个共享平台上加入资源人脉、推广产品、曝光品牌、推广项目等，最终实现更高的价值。

共享经济有共享、互利、低成本等特点，在企业的产品运营过程中发挥重大作用，也为更多创业者、企业领导者、产品运营者提供更多的机遇和思路。

运营由点到面：步入国际生态运营圈

“生态”一词日益火热。在经济全球化时代，品牌是企业综合实力的体现，同时也是衡量企业核心竞争力的标准。随着移动互联网和共享经济的发展，传统的单品牌运营优势趋于弱化，大多数企业都在寻求更多元化的生态运营，即多品牌的生态运营。

在产品运营中，单品牌运营指的是企业以运营一款产品为主；多品牌的生态运营指的是企业同时运营多款产品。随着中国市场经济进一步发展、完善，品牌竞争逐渐取代了以价格竞争为主的市场低级阶段竞争，引导市场进入了市场竞争高级阶段，品牌逐渐成为企业在商战中的一把利剑。

品牌能够体现一个企业的核心竞争力，其源于产品的质量、企业的信用与特色文化。随着经济的迅速发展，企业不断地进行多元化扩张与产业整合，如果一直使用单品牌运营模式，就会面临以下几个问题：

对企业来说，传统的单品牌运营已无法满足企业扩张和产业整合的需求；

对市场来说，品牌的大趋势是越来越细分，品牌越细分，市场就越容易形成饱和；

对于用户来说，单个的产品已无法满足其多元化的服务需求。

因此，很多企业充分意识到多品牌的生态运营是大势所趋。

多品牌的生态运营可以帮助产品运营者寻找企业再发展的切入点，不管是品牌还是经销商，如果能够拥有多种产品，就意味着能够拥有更多手段来吸引用户，只有同时运营多个品牌才能准确覆盖更大的消费群体。例如在很多大型商业终端，往往几个品牌联手出击把竞争对手包围其中。有竞争力的企业应同时推出多个品牌才能占据市场优势地位。

品牌运营是产业链里最关键的一环。在电商行业，怎样走出传统的单品牌运营，实现多品牌的生态运营，致力于更深的发展，一直是行业关注的热议话题。

在这方面，韩都衣舍就做得很好。韩都衣舍的网站主页面如图1-10，韩都衣舍在市场大洪流中走出了一条从单品牌到多品牌的生态发展之路。

早期韩都衣舍同大多数企业一样，处于单品牌运营阶段，它是如何从单品牌运营转型为多品牌的生态运营呢？主要有以下几点。

1. 对市场发展趋势的充分认知

产品运营要想成功，就必须要对市场有所认知，对市场的发展趋势有一定了解。

韩衣都舍的创始人赵迎光毕业后被公司派到韩国工作，多次和韩国的知名服装企业衣恋集团打交道，当时衣恋集团内部已有大小品牌将近100

图 1－10　韩都衣舍网站主页面

个（包括还未成形的创业品牌），并且运营得都不错。

多次交流后，赵迎光得出一个结论：一个企业要做到较大规模并且持续增长，多品牌的生态运营是必经之路，单一品牌不可能占据较大市场份额。于是，赵迎光回国创业后，一口气注册了 20 多个商标。

赵迎光发现，市场上单个品牌的市场占有率已经趋于饱和，而且单个品牌运营的服务成本越来越高，也无法满足用户多元化的服务需求，加之前期与衣恋集团多次交流得出的结论，赵迎光认为，单品牌运营模式已经落伍了，必须要采取多品牌的生态运营策略。通过对市场的进一步调查，其对市场发展趋势有了一定的认知，于是，在 2013 年，多品牌的生态运营成为韩都衣舍最重要的战略布局之一。

2. 战略转型

通过对市场发展趋势的认知，韩都衣舍作为互联网快时尚的第一品牌，在 2013 年确立了多品牌的生态运营战略后，相继推出针对女装、男装、童装等不同类目的子品牌。

2014－2015 年韩都衣舍的主营业务收入中，女装产品占比最高，有 70%以上；与此同时，业务逐步向男装、童装等领域延伸，其男装占据主营业务收入的比重也由原先的 15.25%提高到 16.95%；而童装的占比由之前的 4.84%提高至 8.89%。

在多品牌的生态运营中，韩都衣舍逐渐形成了品牌成熟孵化机制，打造了时尚品牌孵化平台。到 2016 年年底，韩都衣舍集团已经拥有了 28 个子品牌，包括 HSTYLE、AMH、NANADAY、niBBuns、Souline、ZIGU 等，以更新快、性价比高、款式多为特色，深受用户的喜爱，被誉为“韩风时尚专家”。

对于韩都衣舍未来的发展，赵迎光表示：“要不断增加品类，在品类做精和做细这两个方面做好工作，让顾客有更加快捷的购物流程，拥有更多可挑选的款式。”这是韩都衣舍在多品牌的生态运营道路上的精华要点，值得更多企业学习。

从单品牌运营模式转型为多品牌的生态运营模式，是产品运营的必然发展趋势，企业产品运营者要对其有充分的认知，实现产品的成功运营。

3. 快速迭代，步入国际生态圈

互联网的发展已经为我们构建出了全新的人和世界的关系网，大时代已经拉开了序幕，以大数据为基础、以商业智能为渠道来展开的整个生态体系是现代企业走向前端的基础。

没有哪个企业不希望通过运营让自己的品牌走向国际，韩都衣舍也是如此，其和天猫、淘宝等大平台对接，是建立在大生态基础上的小生态圈。

韩都衣舍为多品牌的生态运营专门打造了一个智汇蓝海（互联网品牌

的生态系统），从2016年开始，韩都衣舍不单是大家印象当中卖女装的公司了，逐渐转变成一家互联网生态运营公司。

为此，韩都衣舍给很多有相同追求的企业提供了一些建议和实用有效的方法，见图1－11。

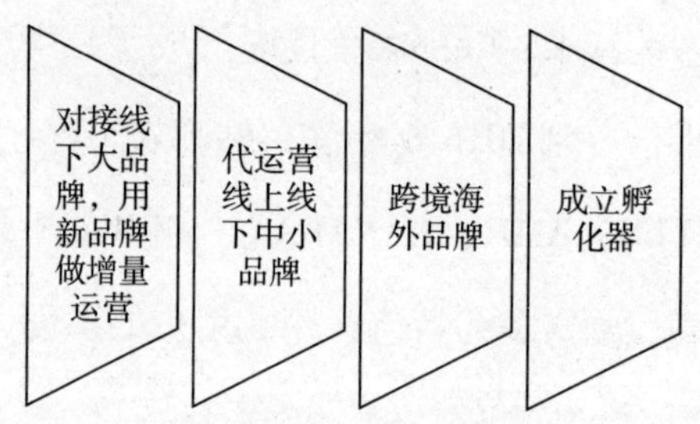

图1－11　韩都衣舍的国际生态运营方法

（1）对接线下大品牌，用新品牌做增量运营。

韩都衣舍线下与知名户外品牌探路者以及九牧王合作，以做增量为主，成立了合资公司，并将此品牌产品全权交给合资公司运营，销量都很不错。这种方法的核心思路是与大品牌合作，以做增量为主打通新生态运营。

（2）线上线下中小品牌代运营。

韩都衣舍以代运营为主，与很多中小品牌打通了连接，进行线上线下全方面代运营。这样一来，韩都衣舍的品牌范围再次扩散，成为新生态运营中的一条扩散通道。

（3）跨境海外品牌运营。

韩都衣舍不仅在国内与其他企业合作进行生态运营，也跨境与海外品牌合作运营。在这一点上，企业不是简单地代理几个国外产品，而是要合作运营国外知名品牌。

（4）成立孵化器。

除了采用以上国际生态运营方法外，韩都衣舍还孵化了一些品牌，包括网红品牌，进一步步入互联网新生态系统，尝鲜加入最新生态圈。

通过了解韩都衣舍的这些做法，互联网时代下的企业必须清楚，想要从单一品牌做到多品牌的成功运营，就要快速迭代和学习，如此才能步入国际生态运营圈。

第二章

做好产品定位，运营才能有的放矢

在进行运营之前，我们需要先设计好产品定位。你是否了解你的产品，了解产品的内在功能、优势、场景、体验特色等。把握好这些来自产品的定位因素，然后根据市场趋势、反馈、变化来制定产品运营方案，这样运营才能有的放矢，这也是成熟产品运营者必做的一个功课。

熟知影响产品定位的因素

也许，很多人对产品定位和市场定位还不太了解，认为两者是同一概念。其实，这两者之间还是有一定区别的。具体来说，市场定位是指企业对目标用户市场或目标用户的选择；而产品定位则是指企业以什么样的产品来满足目标用户市场或目标用户的需求。

产品定位在市场营销与品牌营销中有着十分重要的作用，给产品定位受很多因素的影响和制约。企业在给产品定位时要熟知影响产品定位的因素，以便精准定位。

1. 目标用户的心智

为什么说目标用户的心智会影响产品定位呢？产品定位并不是只针对产品本身而言，而是要求企业要把功夫下到用户的内心深处，了解目标用户的心理，从而在目标用户心中形成独特形象。但是，不同的用户可能对产品的知识和结构了解程度不同，因而具有不同的产品感知和产品偏好。所以，赢得目标用户的认同和共鸣是产品定位的关键所在。

成功的产品运营者在对产品定位的过程中需要进行充分的市场调查，详细了解用户的需求特点，把握用户的购买动机，从而激发用户的正面情感，使潜在用户正确认知该产品。与此同时，让用户形成产品偏好从而采取购买行动，最终成为产品的忠诚用户。

2. 企业自身的优势

每个企业或多或少都拥有大量有形或无形的资源，这些资源可以转变成企业独特的能力，这些独特的资源或能力往往是维持企业持久竞争优势的源泉。

当一个企业拥有价值独特、难以替代、不易复制的资源时，往往比其他企业更加具有竞争优势。企业要善于发掘自身的优势，通过产品定位的方式将这种核心优势表达出来，使企业形成一种差异化优势，从而产生可观的利润。正因为如此，我们可以说，企业自身的优势也是影响产品定位的因素之一。

例如，劲霸男装在1980年创立之初，就将自己的产品定位牢牢锁定在以夹克为主的男式服装领域，始终秉持“一个人一辈子能够把一件事做好就十分了不得了”的核心价值观，“专注夹克，忠于男人”，从未改弦易辙。

劲霸男装凭借着专业、专心、专注于产品的企业定位，其价值从2004年的10.31亿元上升到2012年的226.86亿元，企业的规模与产品的价值实现了惊人的跃升。劲霸在男式服装领域形成领先优势，拥有精湛的产品研发设计能力、强有力的产品运营管理能力和稳健的专卖销售体系，在全国拥有形象统一、规范管理的专卖店3000多家，成为中国商务休闲男装旗舰品牌之一。

3. 对竞争者的定位

产品定位的本质是要标新立异，塑造差异，把产品或者服务的独特之处传递给用户，从而赢得与竞争对手的比较优势。所以我们说，对竞争者的定位也是影响产品定位的因素之一。

企业在对产品进行定位时，要认真分析目标市场中与本企业相同或相似的竞争对手的定位，避开强势的竞争对手。产品运营者也可以利用强势竞争对手的弱点来确立自己产品的优势位置。

例如七喜的“非可乐”定位法，把七喜定位为一种可以替代可乐的饮料，从而避开了可口可乐和百事可乐在用户心中的强势地位；百事可乐则利用了可口可乐的弱点（父辈在喝），从而将自身定位为“年轻人可乐”。

4. 产品阶段对产品定位的影响

产品定位还需要考虑产品阶段，如图2－1。

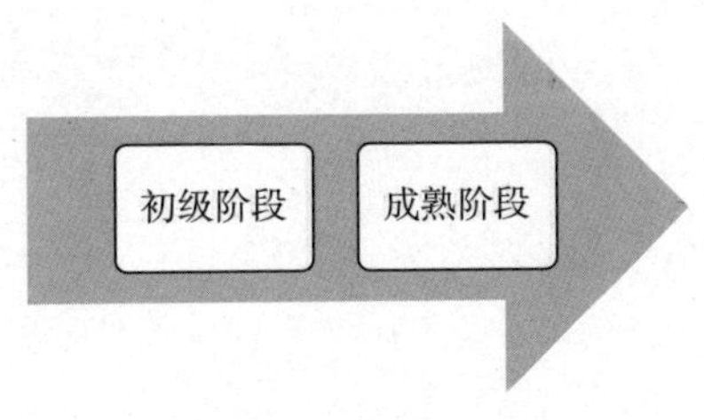

图2－1 产品阶段

在产品初级阶段，如果市场上对产品的接受程度不高，那么，企业就需要向市场表达产品的共性价值。如果在这个阶段，产品的定位被赋予太多的品牌概念，或是将产品的款式或颜色等个性价值作为推广的重点，市场是不会接受的。因为，用户首先会选择接受产品的共性价值，其次才会考虑其他个性价值。

在产品的成熟阶段，也有企业以产品的共性价值或诉求为定位，其原因在于该企业的产品有足够影响力，市场需求又足够大。

例如，宝洁公司在销售舒肤佳香皂时，向市场传达的是产品的共性价值——去污、杀菌，因为宝洁品牌有足够影响力。如果你的产品没有足够强大的品牌，那么，这个时候你的主要诉求点就应该是产品的个性价值。如果小企业在宣传自己产品时也像舒肤佳一样以去污、杀菌等共性价值为产品定位，这无疑是以卵击石。

功能定位：主推一个主要功能

产品功能定位是指企业在完成市场定位与目标市场选择的基础上，根据潜在目标用户的需求特征，对产品的功能做出详细规定的过程，其目的是让产品符合市场需求、更具性价比、更有市场竞争力。

任何类型的产品，功能都不是单一的，比如饮料，不同品牌、同一品牌不同型号的产品，功能都有一定的差异，如抗疲劳、助消化、补水、预防上火等。因此，企业在给产品功能进行定位时应主推一个主要功能。

下面我们以王老吉为例，来看一下如何主推一个产品的主要功能。

一句“怕上火，就喝王老吉”让王老吉品牌深入人心。它的成功当然不在于一句广告语，而在于“预防上火”的产品功能定位，打造出新的产品品类。王老吉凉茶的平面广告见图 2 - 2。

首先明确红罐王老吉的饮料身份，竞争对手是其他饮料，其次将王老

图 2-2　王老吉凉茶的平面广告

吉的功能定位于“预防上火”，传递出喝王老吉可以预防上火的信息。功能明确后，再提炼广告语，有针对性地进行营销推广。

饮料的功能有很多，王老吉力推“预防上火”这一主要功能，是它成功占领饮料市场的前提。

1. 细分市场，寻找最佳切入点

细分市场指的是企业或者产品运营者通过市场调研，依据用户的需求和欲望、购买习惯和购买行为等多方面的差异，从而将产品的市场划分为多个用户群体的过程。

每一个用户群体都是一个细分市场，而每一个细分市场都是具有相同需求倾向的用户所构成的群体。

细分市场的种类有很多，见图 2-3。

王老吉为了根据产品的主要功能为产品定位，采用了对市场进行细分的方式。

（1）地理细分。通过市场调查，王老吉根据不同地区需求量的不同来

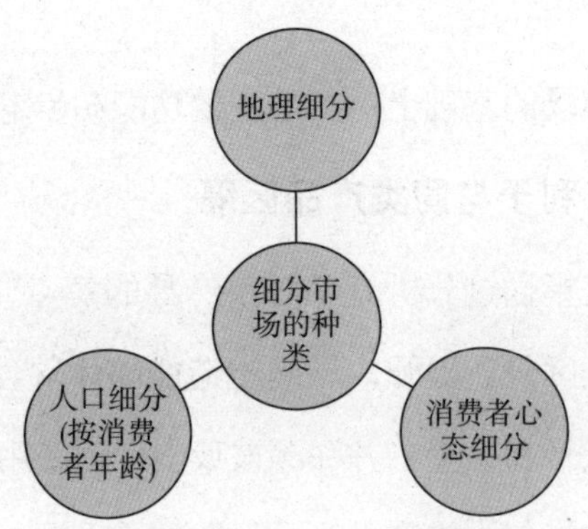

图 2－3　细分市场的种类

进行地理细分。在南方地区尤其是广东和广西，人们有喝凉茶的习惯，因此，王老吉广东和广西的销量很高，而在北方地区则销量较少，多数在火锅店、餐馆等地方出售。因此，王老吉将市场细分为南北两个地区。

（2）人口细分。王老吉根据不同年龄段和不同的兴趣来对人群细分，了解不同年龄人群的消费目的。儿童、青少年——清热解毒；上班族（青年、中年）——缓解压力；老年人——预防上火。

（3）消费者心态细分。经调查发现，“预防上火”是消费者购买王老吉的真实动机。王老吉根据这个特点，一句“怕上火，就喝王老吉”的广告语深入人心，在消费者心中就有了一个概念：王老吉具有预防上火的功能。这种消费心态很普遍。

王老吉运用市场细分的方式，成功定位了其主要功能——预防上火，由此可见市场细分对于产品运营的重要性。那么，细分市场，寻找最佳切入点，应该怎么做呢？

首先，选拔优秀成员组建市场调研小组，由了解产品及产品问题所在的人，或由了解用户对产品功能要求的人员参与其中。

其次，通过调查、研究，收集各个方面的情报资料，使产品功能定位有科学依据。

最后，在细分市场的基础上对产品主要功能初步定位。

2. 主推功能有利于与同类产品区隔

同类产品区隔是指通过分析竞争对手产品的卖点、定位等，使自己的产品与竞争对手产品区分、隔开，从而塑造能够体现独特功能和利益的产品，让用户在货架上轻易认出，并深深被吸引，促使用户购买。

产品通过主推功能与同类产品形成区隔，有利于被用户接受，迅速占领市场。

王老吉在研究市场后，发现茶饮料、果汁、可乐、纯净水等同类产品，主要还是以解渴、口感好为主要诉求，从未有以预防上火为主要功能的饮料产品，这在饮料行业是一个空白，这让王老吉与其他饮料产品成功产生了区隔，形成了一个新的饮料品类。

怎样确定产品的主推功能呢？首先，了解同类产品的优势和劣势，对竞争对手产品的劣势进行分析；其次，对企业和产品在用户心中的认知进行调查与研究，发现自身产品的优势；最后，结合自身产品的优势和竞争对手不具备的功能，满足用户的功能需求，主推产品的主要功能，并做好产品信息的反馈工作，收集企业与用户的建议与意见。

优势定位：避免用鸡蛋碰石头

作为产品运营者，在销售产品时，也许有人会问，你的产品优势在哪儿？如果你对自己产品的优势都不了解，那么，用户就不会信任你的产品，更不会有购买行为。因此，能够对产品优势分析和理解，进而对产品优势定位，是产品运营者核心能力的表现。

优势定位指的是产品在没有强势品牌的市场分类中（强势的品牌一般都有品牌壁垒，很难攻破，所以避免用鸡蛋碰石头），找到一个有利于自己的商品分类。

例如，脉动是一款运动功能饮料，其优势定位是“补充能量”的饮料。脉动避开了可口可乐、百事可乐等强势饮料，找到了利于自己的分类。

通过产品优势定位，可以全面把握产品，深度挖掘产品的特殊价值，有效抓住用户，在销售中做到有的放矢，不浪费时间和精力。

我们以脉动为例来分析一下如何进行产品优势定位。

脉动的广告词是："随时脉动回来"，其目标市场定位在 18 ~ 35 岁左右的学生、年轻人、时尚运动爱好者、白领等。"脉动"的价格在"康师傅"、"统一"饮料之上，但也并不高出多少。

在我国的饮料市场中，经过了碳酸饮料、瓶装水、茶饮料以及果汁饮料的发展后迎来了功能饮料的时代，健康、运动、保健逐渐成为了人们关注的话题。

脉动以高出雪碧、芬达的价格销售，不仅没有被排斥，反而取得了惊人业绩，主要是因为脉动迎合了消费者的消费需求。脉动的消费群锁定在 18 ~ 35 岁的都市年轻族，这也是我国饮料的主要消费群体。为迎合这类消费者年轻、自信、喜欢挑战等偏好，脉动打造了"让自己充满活力、从容自信地享受生活、迎接挑战，展现自己最好的一面"的品牌内涵。最新的广告语"随时脉动回来"十分富有激情与活力。而价格定位高于同类产品。一来是为了追求更多的企业利润；二来是为了从"康师傅"、"统一"饮料大战中脱颖而出，变得与众不同（见图 2 -4）。

脉动作为风靡全国的运动功能饮料，在产品优势定位时能够审时度势，在功能和价格上取得优势定位，成为"补充能量"的饮料，被大众所接受。

1. 明确竞争对手的市场地位，寻找切入点

在经济全球化的市场条件下，了解所在行业以及竞争对手的市场地位，是产品运营者和企业必须要考虑的问题。明确竞争对手的市场地位，寻找切入点，可以更好地对产品进行优势定位。

图 2－4　脉动的平面广告

明确竞争对手的市场地位，可以通过对竞争对手的市场占有率进行分析（市场占有率可以通过竞争对手产品的销售量和市场总体容量的比率来表示）。分析竞争对手的市场占有率不仅要分析行业中的竞争对手，还要分析细分市场上的竞争对手。明确竞争对手在市场中所处的位置，寻找切入点，对产品优势进行定位，为企业制定竞争战略提供依据。

2. 明确产品自身的属性

产品属性指的是产品本身固有的性质，是产品性质的集合。产品属性包括产品的名称、颜色、大小、用途、质地，材料等。

产品属性决定了用户体验的心理属性，企业与产品运营者必须根据自身的产品属性来营造与用户心理属性一致的体验，进行产品的优势定位。

场景定位：用产品扮演的角色定位

用户在归类产品时，通常不去考虑产品的形态，而是考虑产品在生活中的使用场景。

所谓场景定位，简单来说就是利用产品在生活中所扮演的角色来定位。不管什么产品，如果没有一个扮演的角色（消费场景），用户就不知道应在什么地点、什么时间、什么样的状态下使用该产品。也就是说，产品如果不能触动用户的购买欲望，就一定会完蛋。

在日常生活中，各种产品所扮演的角色不同。比如娃哈哈营养快线，“早上喝一瓶，可以精神一上午”，其扮演的是早餐饮品的角色；早餐饼干被定位成早餐用品；六个核桃，“用脑时刻”，扮演的是一个提高智力的小帮手的角色。

大多数用户习惯使用场景记忆，我们在给产品做推广时，就可以使产品使用的具体场景突出，触动用户的购买欲望。

红星二锅头在场景定位时就运用了这种方法。红星二锅头的平面广告见图2－5。下面，我们来具体看一下红星二锅头是怎么做的。

图2－5 红星二锅头的平面广告

二锅头作为中国祖传佳酿

在白酒界占有很高的地位

用情怀激起一代人的共鸣

红星二锅头

是一瓶酒，更是一种烙印

把激情燃烧的岁月灌进喉咙

没有痛苦，不算痛快

铁哥们是这样炼成的

用子弹放倒敌人，

用二锅头放倒兄弟

红星二锅头，年轻就要红

有兄弟才有阵营

将所有一言难尽一饮而尽

红星二锅头是京文化的典型代表，从 1949 年年销量 300 吨发展到 2016 年年销量 6 万吨，成功创造出全国白酒产销量新纪录，满足了广大群众的生活需求。

1. 在什么场景下，产品扮演什么角色

对于“场景”这个词，相信大家耳熟能详。场景再往下细分的话就是角色，每个场景下有很多的角色。对于产品来说，在不同的场景下所扮演的角色是不一样的。

红星二锅头的品牌故事是这样的：有两个一起奋斗了几十年的好哥们（当年可能一起在大钢铁企业为祖国炼钢、挥洒青春）在酒桌上用“红星二锅头”来回忆青春。

在这个故事中，红星二锅头扮演着关系协调者的角色，是两个好哥们之间互动的焦点。

利用产品扮演的角色进行场景定位更多的是从用户实际使用的角度出发。例如，当我们出门选择交通工具时，由于天气热，公交难等又人多，打车又需要很长时间，就会选择使用滴滴出行，因为滴滴出行可以满足用户提前预约、随时用车的需要。此时，滴滴出行扮演着解决用户出行难的角色。又例如，在社交工具中，QQ 属于开放性的社交软件，主打“弱社交”，用户之间大多是陌生关系。那么，在用户想要没有陌生人的社交场景中，就会选择使用微信，因为微信扮演的是“强社交”工具的角色——主打熟人关系。

2. 根据场景，给自己的产品分类

一个场景对应一类产品，商家给用户构建一个场景，通过这个场景来

触发用户的购买欲——产品场景化，好处在于能够让用户快速于千万产品中找到你的产品，这就好像图书馆为图书编码。

根据场景给产品分类，针对用户心理对用户进行引导，加强代入感，用户就会心甘情愿消费。

如何根据场景给产品分类呢？我们可以从功能、使用场景等对产品分类，以文案的形式表现出来。例如，王老吉“怕上火就喝王老吉”，使用的场景是“去火”。当用户“上火”时，也许想到的不是“去火”药，而是王老吉；黄金酒“送长辈，黄金酒”，产品场景定位十分清晰，如果用户去超市给自己买酒喝，极少会买黄金酒，但如果买酒送给长辈，就极有可能购买黄金酒。

3. 根据时间、地点、人物进行场景定位

场景定位时，要综合考虑三方面因素：时间、地点、人物。即用户在什么时候会使用产品；用户在什么地点会使用产品；使用产品的人群具有怎样的特征。

时间、地点和人物是产品场景定位的重要因素，直接决定产品的成败。一款好的产品必须做到在恰当的地点、恰当的时间将恰当的信息发送给有需求的用户。

例如，在一起奋斗过的好兄弟、经历生死的战友聚在一起喝酒这个场景中，他们自然而然就会想到红星二锅头。

好的产品都是在特定场景中为用户解决实际问题的，换句话说，当用户处在特定的场景中时，能够条件反射式想起来的产品都是成功的产品，这些场景就好像是附着在产品上的标签。

细分定位：单点突破，专注产品

很多企业为了在市场上占据优势，不断地开发新产品，产品的功能不断突出更新，企业之间竞争十分激烈。很多人认为产品多受众就多，可是他们忽略了一点：产品多，精力就会分散。

人心是很难满足的。如果有一千款产品，企业就得想办法将这一千款产品卖出去。如果只有一款产品，企业心里的杂念就少了，一心只想如何卖好这一款产品。因此，有些企业意识到，要想产品占据市场，切不能盲目做市场上流行的产品，一定要根据市场对产品进行细分，以单点为突破口，专注并做好产品。

细分定位就是单点突破，专注产品。以现在的电商来说，大大小小的电商平台很多，但是真正存活的却很少，事实证明，只有细分才有竞争力。比如唯品会定位为一家专门做特卖的网站，做得有声有色。

产品为什么要细分？原因有很多，如果产品不细分，一方面，会显得太乱，很难找出具有核心竞争力的产品；另一方面，产品也很难做推广，想齐头并进却又缺乏能力和实力。所以我们说，专注才会做得更好。

接下来，我们以唯品会为例来具体分析一下，如何根据市场对产品进行细分，专注并做好产品。

唯品会是一家专门做特卖的网站，其主营业务是在线销售品牌折扣商品。2012 年 3 月 23 日，唯品会在美国纽约证券交易所成功上市。

唯品会倡导时尚、唯美生活格调，提倡有品位的生活态度，与许多国内、外知名的品牌代理商和厂家合作，向中国用户提供了更多低价、优质品牌正品。唯品会每天有 100 多个品牌被授权特卖，囊括鞋、美容化妆品、时装、配饰、箱包、皮具、香水、家纺、母婴等产品。

截至 2016 年年底，唯品会注册会员已经超过 1 亿个，拥有 18000 多个合作品牌，其中有 1800 多个合作品牌为全网独家。

据统计，2016 年唯品会全年总营收 565.9 亿元，比上年增长 40.8%；纯利润为 136 亿元，比上年增长 37.4%；其年度运营利润比上年增长 32.4%。与此同时，唯品会全年的活跃用户数比上年增长了 42%，高达 5210 万个；全年的总订单量与上年相比增长了 40%，高达 2.698 亿单。

在中国，唯品会开创了“限时抢购 + 名牌折扣 + 正品保障”的新电商模式，并且持续深化为“深度折扣 + 精选品牌 + 限时抢购”的品牌正品特卖模式。这模式曾被形象地誉为“线上的奥特莱斯”。唯品会每天早上 10 点、晚上 8 点准时上线 200 多个特卖品牌，以低至一折的折扣，实行 3 天的限时抢购，为用户提供了受欢迎的、低价的、优质的品牌正品。唯品会网站首页见图 2 – 6。

图 2－6　唯品会网站首页

唯品会能够在千万电商中做得有声有色，其成功的奥秘在于认清市场情势，选择细分市场，并找到“特卖”这个突破点，单点突破，专注做好产品。很多人会很好奇，唯品会到底是怎么细分定位的？

1. 从用户心智中细分产品

用户心智也称用户认知，指的是用户对已有的类似产品的全部认知。

处于产品、信息爆炸的时代，仅仅一款产品就有很多类别。刨除营销手段给用户带来的影响，产品的本质其实大同小异，都是能满足用户需求的东西，仅此而已。

同类产品，在本质基本相同的情况下，要想得到用户的认可，需要从用户心智中对产品进行细分。

唯品会在与许多零售电商的竞争中，通过对用户心智的洞察，了解到许多用户在购买品牌商品时，由于价格高等因素产生购买不便的现象。于是，一家专门做特卖的网站诞生了，主营在线销售品牌折扣商品，为用户提供低价、优质的品牌正品，解决了广大用户的痛点。

从用户心智中细分产品需要产品运营者首先研究目标用户，了解用户心智；其次，从用户的心智中寻找竞争对手产品的替代品。

2. 对整个重要市场只提供一种产品

只提供一种产品是一种无差异性的运营策略，是指企业不考虑细分市场的特殊性，在只考虑共性的情况下，把某一类产品看作是整个市场。

很多时候，用户在面对琳琅满目的商品时无从选择，对于这种情况，只提供一种产品可以强化品牌形象，让用户别无选择。唯品会为用户提供的是“特卖”商品，开创了“限时抢购 + 名牌折扣 + 正品保障”的新电商模式，用户对唯品会有“折扣特价 + 正品”的概念和购物思维。

综上所述，我们可以通过对竞争对手的调查来研究用户的需求，了解市场的发展趋势，单点突破，有针对性地对整个市场提供一种满足用户主要需求的产品，专注于产品。

体验定位：愉快感受吸引用户

用户体验，是指用户在访问某个网站或使用某个产品时的全部体验。对于一个界定十分明确的用户群体来说，其用户体验的共性是：能够经由良好的设计实验来认识以用户为中心、以人为本的企业产品。在现代社会，用户体验越来越得到重视，也因此被称作产品运营创新 2.0 模式的精髓。

体验定位是指用户在使用产品时会有什么感觉。我们可以把用户使用产品时的感觉放在一个舒服的位置，用愉快的感受来吸引更多用户。

比如，雀巢咖啡的“味道好极了”，炫迈口香糖的“根本停不下来”，雪碧的“透心凉，心飞扬”，吉列剃须刀的“看着光，感觉爽”，特步的“飞一般的感觉”，这些都是利用使用感受来吸引用户，进行体验定位。

如何利用愉快的感受来吸引用户，进行体验定位呢？我们以雀巢咖啡为例来具体分析一下。雀巢咖啡的平面广告见图 2 – 7。

图 2－7　雀巢咖啡的平面广告

雀巢咖啡是雀巢旗下速溶咖啡品牌，起源于1930年。当时，巴西政府开始与雀巢公司接触，咖啡界权威人士马克思·莫根特尔同他的研究队伍正在研究一种只需要用水冲调，同时保持咖啡原汁原味的方法。在瑞士实验室经过长达七年的调查研究，最终，他们找到了答案。1938年4月1日，雀巢咖啡在瑞士首次被推出。

20世纪80年代，雀巢咖啡进入中国。在宣传策略上，雀巢咖啡强调广告代言人要使用中国人的形象，要让黄皮肤、黑头发的中国妇孺和有活力的中国青年出现在雀巢的招贴画、广告片中。因此，一句经久不变广告语“雀巢，味道好极了”，成功拉近了雀巢咖啡和中国民众的距离。

雀巢咖啡把logo设计中体现出来的韵味与用户思维融合在一起，仿佛让用户分享梦想和希望。只要用户想要，总会有雀巢咖啡的光芒指引着他们。一杯雀巢可以让用户精神倍增，其味道好极了。

如今，全球每一秒就饮用5800杯雀巢咖啡，各式各样的美味咖啡迎合了全球用户的不同口味和偏好。

1. 选择一种典型用户角色

针对不同的典型用户角色或不同的用户群体时，需要描绘出不同的用户体验旅程地图。不同的用户体验旅程地图之间有可能会产生很多重叠的阶段。在对产品进行体验定位时，可以选择一种典型的用户角色，来描绘这种典型的用户角色旅程地图。

例如，雀巢咖啡在做广告宣传时，选择了女性这一种典型的用户角色，在雀巢咖啡的广告中可以看出，用户在使用雀巢咖啡时传达出来的是一种享受。加上“味道好极了”的广告语，给用户一种温馨、愉悦感，成功地拉近了与用户的距离。

用户角色是重要的虚拟物，每一种用户角色都有自己的显著个性。我们可以把用户的体验放在这一典型的用户角色上，使产品的效果变得更真实。典型的人物角色可以是一张照片、一段描述或者是典型用户的需求、目标等。

2. 呈现给用户视觉上的体验

人类是一种视觉动物，相比听到的，人们更愿相信自己亲眼看到的。通常情况下，我们可以通过色彩、文字、图像等形式将产品形象呈现给用户，满足用户的视觉体验。

呈现给用户视觉上的体验，主要强调的是舒适性。雀巢咖啡在设计品牌徽标（LOGO）时就运用了这一点，使之充满了温馨、希望等韵味，与品牌整体的形象相统一。LOGO 使用原有的咖啡色为背景，体现出咖啡独有的颜色；用白色特殊的字母点缀，以恰当的色彩亮度和明度，让用户感觉到一种特有的牛奶浓香和温馨；以圆形为造型，突出了圆滑、细腻的感觉，就像喝进嘴里的咖啡的感觉。

销量定位：抓住从众心理做文章

首先来了解一下从众心理：从众心理即个人在受到外界人群行为的影响下，在判断、知觉、认识上所表现出的符合公众舆论或者与大多数人相同的行为方式，简单地说就是“随大流”。大量科学实验表明，能够保持独立性，不从众的人极少，从众心理是大部分人都普遍存在的一种心理现象。产品运营者在进行产品销量定位时，可以抓住这种心理做文章。

销量定位的主要依据是用户的从众心理。何以体现？一方面，人类是群体动物，面对其他人的压力，往往会选择屈服，然后附和，做出与其他人一样的选择。另一方面，既然有那么多人作出了相同的选择，相当于给用户服下了一颗“定心丸”，也会随之做出相同的选择。

销量定位很实在，其身影一直都在。我们看到现在很多电视广告，经常把产品的用户量、金额量和销售量等重点标出来，甚至包括很多自媒体，都喜欢给自己加上一个“100 万人都在关注”的标签，这些都是销量定位的策略。

例如，香飘飘奶茶从最初的广告语“一年卖出七亿多杯，杯子连起来可以绕地球两圈”到“12 亿人都在喝”，都很好地抓住了销量定位。

以香飘飘奶茶为例，我们来分析如何抓住从众心理进行销量定位。香飘飘奶茶的平面广告见图 2－8。

图 2－8　香飘飘奶茶的平面广告

香飘飘奶茶是浙江香飘飘食品公司生产的一款杯装奶茶产品。从 2005 年底开始，在短短 5 年时间里，“香飘飘”成为了国内主要的杯装奶茶代名词。其创新性的椰果包取代了传统的珍珠，在口感、热量控制上深受广大用户喜爱。

连续五年全国销售领先，香飘飘奶茶被称为中国奶茶业发展最迅速的企业之一。香飘飘的做法自然也引起了产品运营者的好奇。香飘飘凭借定价低、配料纯正、奶香飘逸、送礼佳选等方式适应现代人的生活需求，因此，香飘飘的销量飞速上升，也成为了该企业销量定位的重要特点。

“香飘飘”之所以能连续五年成为全国销量领先的杯装奶茶产品，这与它对销量的定位有一定的关联。与此类似的还有艾维斯租车的广告语“我们是老二，所以必须更努力”，其言下之意是在租车行业艾维斯排第二名——第二名已经相当厉害了；斯巴迪香烟的广告语“一百万人的选择，怎么可能是错的”，这些都是在强调销售量。

下面我们具体分析一下如何抓住用户的从众心理进行销量定位。

1. 给用户一个从众购买的理由

日常生活中常有这样的现象：商场搞促销，当有人排队去购买，就会有很多人加入；小区老李家的小孩报了舞蹈班，其他同龄的小孩也都跟着报了，等等。造成这些现象的原因无外乎是从众心理。其实，在大众消费中，这种现象很常见。那么，如何利用“从众心理”引导用户消费呢？很简单，给用户一个从众购买的理由，见图2－9。

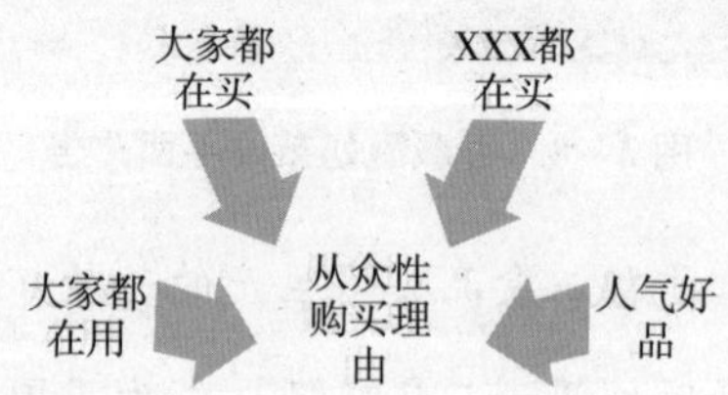

图2－9　用户从众购买的理由

为什么很多年轻人温饱都成问题，还是要去买一台苹果手机呢？大部分原因是为了追求时尚，苹果已经成为了潮流的代言品，很多人都在用。

产品运营者可以在保证品质的前提下，在 4 人以上的小众人群中推广甚至免费试用产品，让它影响周围的人。

从香飘飘奶茶的广告语可以看出，其给用户的从众购买理由是“12 亿人都在喝”，用销量抓住用户的从众心理进行销售，把产品发展成为人气好产品，带动用户从众购买。

2. 让用户产生认同感

所谓的认同感，指的是因个体希望与影响施加者保持一致，对社会影响所产生的某种反应。认同并不是为了使我们内在的某种行为获得满意，从而采取该行为的，相反是因为这种行为、方式能让我们与所认可的某个人或一些人（比如崇拜的偶像、依恋的父亲）建立起满意的关系。

对认同而言，个体所认同的那个人无须在场。仅仅是用户希望和那个人很像，对用户而言——他很重要；他持有与“我”同样的信念。如果未遭到更具有说服力的相反观点的挑战，那么，用户就会秉持这些信念。

香飘飘奶茶用公众人物钟汉良作为产品代言人，让用户产生认同感。通常，公众人物在许多人的心中形象好、气质佳，他们认为好的东西往往更容易让其他人接受。

在认同中最重要的成分是吸引——对认同者所具有的吸引力。因为用户认同示范者，所以，他们希望持有与示范者相同的看法。

3. 用画面感描述购买人数

画面感就是用户在看到你的描述之后，会在大脑中形成与之匹配的画面。因此，画面感是抽象后的具体，用户总是喜欢画面感十足的描述。所以乔布斯才会说，“iPod 能够把 1000 首歌装进口袋”。

相同的道理，如果能够将购买产品的人数利用画面感的形式描述出来，其效果比单纯的“年销量十万”“销量领先”等广告语好得多。

比如香飘飘奶茶的广告语“一年卖出七亿多杯，杯子连起来可以环绕地球两圈”，已被业界奉为经典。

别人不知道的产品定位步骤

产品定位就是使产品在潜在用户的心智中，占据一个有竞争力的位置。如何实现呢？需要遵循两个基本规律：客观认识自己；应用常识。

首先，在做产品运营时，很多人都容易犯一个错误，即无法客观认识自己。主要是因为对自己的产品和产品所处的行业没有准确的认识，对于竞争对手没有准确的判断，产品在市场竞争中的定位不够准确。

其次，不可忽视的是产品定位的应用常识。这主要体现在如何应用、如何规避，才能使用户打破常识，对产品形成新的认识，这也是产品运营者应该要考虑的定位问题。例如，在中国云南白药创可贴比邦迪创可贴更具影响力，因为，在用户的观念里“有药的”创可贴效果会更好。

我们结合云南白药创可贴，总结一下产品定位的具体步骤。云南白药创可贴的平面广告见图 2－10。

图 2－10　云南白药创可贴的平面广告

云南白药属于国药名企，是民族医药的一面旗帜，它以独特、神奇的功效被誉为“中华的瑰宝，伤科圣药”，蜚声海外，被民间誉为“百年传奇”。

百年轮回，白药求变。2003 年底，云南白药开发了一款新产品：适合中国家庭使用的创可贴系列产品。遗憾的是，截止 2005 年初，云南白药创可贴全年的销售额仅为 1000 万元，区域拓展受到了阻碍。

2005 年，云南白药产品运营团队在经过慎重、周密的考察后，毅然选择和上海凯纳营销策划公司合作，上海凯纳营销策划公司为云南白药创可贴提供完整的解决方案。经过一年的努力，2006 年，云南白药创可贴的市场销售额从原先的 1000 万元迅速飙升到 1.2 亿元。与此同时，其和邦迪市场占有份额比也由原来的 1：10 迅速拉升为 1：2.5，跃升为一线产品。云南白药创可贴此次的销量提升，让很多用户知道了云南白药创可贴，实现了百年老字号品牌变身，从而使云南白药焕发出全新的品牌活力，让用户感觉到云南白药已不再是父辈的“传家宝”，更多的是现代生活不可或缺的“居家宝”。

与哈药、脑白金的产品运营模式相比，云南白药的成功依靠的不是传统地毯式的广告轰炸，相反其是在保证充分赢利基础上，运用非常整合的运营手段——产品定位，稳健地赢得了最大胜利。

云南白药创可贴产品定位的成功，有一些非常有益的探索即确定产品定位的步骤，为产品运营者起到了积极的借鉴作用。

1. 分析竞争对手，认识自己并找到竞争优势

所谓竞争对手，是指在同一个区域内与本企业的目标用户、经营范围、产品形态相似或者相近的企业。

产品定位的首要问题是对竞争对手进行分析。市场是在与对手的竞争中赢来的，没有竞争对手就没有市场。分析竞争对手就是分析竞争对手的优势、劣势，可以从产品功能、价格、市场占有率、目标用户等方面进行分析。

在分析竞争对手和其竞争优势后，我们还要正确地认识自己。在这里，产品运营者需要明确一个问题：和对手相比，自己的缺陷和优点是什么。可以从产品的角度出发（功能、成本、价格、服务、包装等）认识自己，找到自己的竞争优势。要尊敬竞争对手，要敬畏市场，还要善于洞察自己独特的差异之处。

云南白药创可贴通过分析竞争对手邦迪的优势（邦迪是创可贴的发明者），从而占据了市场的主要地位。在对竞争对手的分析中，云南白药创可贴清楚地认识自己并找到了自己的竞争优势：使用“有药的”创可贴伤口好得更快。

2. 选择目标市场

目标市场是指企业为实现预期目标，有针对性地选择用户群体，有重

点地投入经营资源，从而开展市场营销活动的市场。

在这里我们总结了三个选择目标市场的策略，见图2－11。

无差异策略	集中策略	差异策略

图2－11 选择目标市场的三个策略

（1）无差异策略：指企业把整个市场作为目标市场，着眼点在于用户的共同需求，不需要考虑差异性，推出一种产品或几种产品吸引和满足所有用户。

这种策略主要用于有广泛需求，能够大量生产、销售的产品。例如，云南白药创可贴在选择目标市场时就采用了这种策略，只针对用户需求的共同点，不考虑需求的差异性，主推创可贴系列产品。

（2）集中策略：指企业集中所有的力量进入一个市场，想要在这个市场中占有相对较大的市场份额。适用于资源力量有限的小型企业，集中生产一些有特色的产品。

（3）差异策略：指企业把整个市场划分为许多细分市场，从中选择两个以上的细分市场作为目标市场，遵循不同细分市场的需求，开展不一样的市场营销活动。小批量、多品种生产可以满足不同用户的需求，从而提高产品市场占有率。

以上三个选择目标市场的策略，产品运营者可以有针对性地做出选择。

3. 确定目标市场的需求

确定目标市场需求不是根据产品类别、用户的表面特征来进行的，而是依据用户的需求价值来进行的，用户购买产品是为了获取产品的价值。

而产品的价值是由产品的功能组合实现的。

云南白药创可贴的目标市场是大众用户，他们有共同的需求——“有药的”创可贴。

不同的用户对产品的价值诉求不同，这要求企业提供与诉求点相同的产品。在这个环节中，对目标市场的需求进行调研、了解需求可以改进产品，直到新产品开发出来。我们还可以通过问卷调查、回访用户等形式了解并确定目标市场的需求。

第三章

用户运营：由面到点展开

对产品运营者来说，不仅要对产品十分熟悉，还应该替用户讲出产品不足之处，达到完善产品、满足用户的需求，保持以用户为中心的运营姿态。为此，需要做到以下几点：搭建完整的用户体系，挖掘种子用户，引导用户产生优质UGC，为产品谋求更多的附加值，强化用户增长机制等。

用户运营原来要从这里做起

用户运营是指以用户为中心，通过运营手段来提升用户的贡献量、活跃度与忠诚度，通常出现在用户类产品或综合类产品用户模块的运营中。

首先我们要清楚，用户运营的核心是提高活跃用户的规模，具体表现方式通常有两种：开源和节流。开源是指扩大用户规模，落脚点通常在访客量与注册用户数；节流主要指保持用户的规模，落脚点通常在沉默用户与流失用户之间。还有一种表现方式是保活跃，即让不活跃的用户变活跃、让活跃的用户更加活跃。

用户运营的目的是提高用户对产品的认知，让产品活得更久、更好。

通常，用户运营有两个模式，如图3－1所示，一是针对全部用户的策略运营；二是针对核心用户的集中运营。

在策略运营中，通常情况下用户规模在千人到百万人。在这里，企业产品运营部门掌握着全部用户群体的属性，熟悉每个群体的基本特征，根

图 3－1　用户运营模式

据不同人群的需求来使用运营手段。

在集中运营中，用户规模通常在几十人到几百人之间，个人属性相对明显，企业运营部门往往能够掌握每位用户的详细信息，通过活动和情感化的方式来明确用户的认知，从而建立品牌化的用户组织，明确用户的特权和义务。

虽然很多人都在做用户运营，但大多数人都围绕指标来做。企业是否真的了解自己的用户，还要画一个很大的问号。事实上，所有的用户运营工作都是建立在一个相同的基础上，就是对用户的充分了解。

如何充分了解用户呢?

1. 通过数据窥探用户

数据是指与产品和运营相关的一些数值。这些数值是通过观察、自行开发计算所得出的结论，这些数值是分析与研究的基础材料。

在产品运营中，数据不仅可以验证运营效果，还可以窥探用户的习惯、偏好。我们以享选网为例，来看看如何运用数据来窥探用户。

用户从进入“享选”（joyxuan. com）一直到付费的简单流程见图 3－2。

单独看这些其实意义不大，它主要描述的是一个用户进入网站首页之后的全部动作。根据这些动作产品运营者可以了解用户在哪些地方会遇到阻碍，这些地方应怎样改进，用户是否喜欢该网站，用户的转化情况怎样，相关流程是否可以优化，等等。

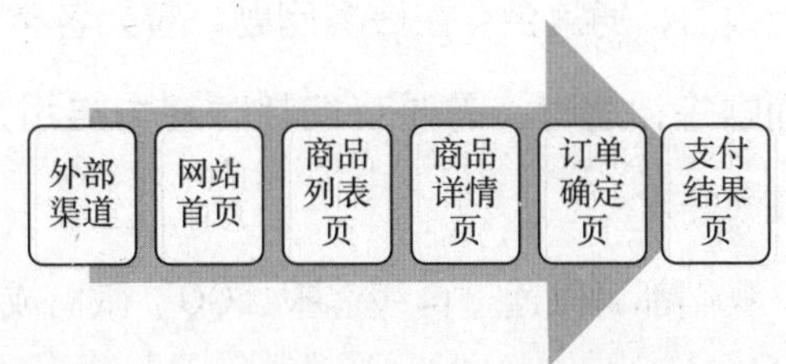

图 3-2　“享选”流程

通过数据，我们可以描绘用户可能是一个怎样的人。比如用户 A 通过“享选”（joyxuan. com）下载 APP，却一直不注册，但是一直用一台设备打开。数据显示：A 在一个月内关注了卧室用品、服饰、清洁用品、婴童用品。那么，我们可以推测，A 可能是一位家庭主妇。我们可以尝试对她进行注册转化，比如我们可以做一些设计：最多浏览多少商品时系统会提示注册，否则无法继续浏览；做一些活动，如现在注册即送大礼包等。

需要提醒一下，用户数据需要区别对待，不能一视同仁。

2. 通过不同阶段的沟通要点来了解用户

在产品运营前期，想要获得用户是十分不容易的。在拥有用户之后，则需要与用户进行大量沟通，让他们感受到尊重，从而信任你的产品。

在与用户沟通时，不同阶段沟通的要点是不一样的。

前期：用户一般是通过网站或其他渠道了解到产品，并表示出了兴趣。但是，因为某些不可避免的因素，用户在这个过程中会产生疑虑。因此，在这个阶段中，沟通须侧重挖掘用户的真实诉求，积极回复用户的相关信息，重点突出自身产品的差异性与优势，从而抓住用户的心。

中期：在这个阶段，用户已经认可了产品，在与用户沟通时需要引导用户进行购买，促成交易。这时，怎样平息用户因为产品功能不完善所产生的情绪就显得十分重要。

后期：产品上线后，通常会存在许多问题，譬如各类交易问题、功能缺陷问题、系统问题等，这时，需要我们耗时耗力与用户沟通并解决问题，满足用户的最大需求。

所有的沟通，我们都可以通过再线客服、QQ、微信或电话来进行。例如，在“享选”（joyxuan. com）首页就设有客服，用户可以通过扫描微信客服二维码进入“享选”的微信公众号与客服沟通，“享选”微信客服二维码见图 3－4。

图 3－3　“享选”App 首页客服二维码

与用户沟通须建立在双方平等且对用户的尊敬的基础上。例如，语气平和，多用敬语（“有什么可以帮助您”“很抱歉”等）。通过制造轻松愉悦的交流气氛，不仅能够让用户感觉得到认可、获得归属感，还能使我们产品的价值得以实现。

3. 用户的要求不一定都要满足

在运营产品时，我们经常会碰到用户提出各种要求，比如支付页面要定制化，产品 logo 要修改，需要各种语言的 demo（小样）……其实，很多用户的表面要求不等于他们真实的需求。例如，有些用户针对享选网支付页面提出要定制化，然而，享选网在权衡之下选择保持现状。

平衡产品和用户之间的需求是一门十分重要的艺术。平衡的前提是了解产品资源的投入比重、产品适用的人群占比以及公司的重视程度。如果产品目前已经满足 80% 的用户需求，那么，其他的合理需求就可以纳入到后期产品规划中，对于不合理的需求应选择性剔除掉。

在针对不同的目标用户时，如果产品本身的确存在功能不完善的问题，需要及时反馈给用户，并且告诉用户耐心等待产品的新功能。我们要学会适当“画饼”，让用户看到希望，同时也要考虑到用户所能承受的期限。

搭建用户体系：提升用户黏性

了解用户运营的概念后，接下来就要搭建完整的用户体系。主要方式是通过一系列用户激励手段，进一步提升用户黏性，激发用户的兴趣，提升用户活跃度，最终达到产品营销的商业目的。

用户体系是整个产品的灵魂所在，它贯穿于产品的每一个功能中。

目前，常见的用户体系见图3－4。

常见的用户体系方式				
荣誉体系	经验成长体系	粉丝体系	虚拟币体系	家族体系

图3－4 常见的用户体系

荣誉体系：用户在产品的某一个功能中多次累积行为，达到比其他人更多的行为次数，并且获得了荣誉称号（达人、勋章、用户榜等）。

经验成长体系：用户通过在产品内部的各类活动行为，引发经验值增长，针对不同经验等级，所赋予用户的权利权限不同。

粉丝体系：用户在产品内部发表一些具有权威性或者专业性的言论，被其他用户认可，进而获得粉丝。

虚拟币体系：通过不同的用户行为，触发虚拟币的获取，用户通过虚拟币，能够实现产品内部购买以及其他产品的兑换（红包虚拟币兑换积分兑换等）。

家族体系：用户组建团队，通过在产品内部的各类行为来提升家族的荣誉。

以上五个体系是相辅相成的，起到互相促进的作用。譬如，粉丝体系能促进经验的成长，而经验成长又能促进虚拟币的获取，虚拟币的获取又能提升荣誉等级，荣誉等级的提升又促进了粉丝的增加，因此形成了一个环路。

什么是形成这一环路的源动力呢？答案是对产品的根本需求。这么说可能有点难以理解，我们通过起点网的用户体系建设来简单分析一下。起点中文网首页见图 3－5。

图 3－5　起点中文网首页

起点网在搭建用户体系时，源动力在于用户阅读，因此，起点网设置了阅读门槛和书架门槛。为了使用户拥有更多的书架和阅读，起点网提供了三个途径：第一，用户可以通过经验等级来拓展书架的数量；第二，用户可以通过起点币购买小说；第三，用户可以通过购买 VIP 快速地获取更多的书架以及优惠购买。

起点网的经验体系中，包含不同用户的日常行为，比如每日任务、站内活跃行为，这些促进了用户经验值的增长。起点网在增加书架源动力的同时，推动了用户的活跃度和用户黏性。

此外，在起点网用户体系中，荣誉体系分别是针对全网的和针对某本小说的。这两者的区别在于前者是根据用户的站内使用行为决定的，后者则是由打赏的数量（起点币消费量）决定的。起点网这样做不仅推动了用户站内的活跃度，还带动了用户消费。

起点网的用户体系建设之所以如此成熟，是因为其中蕴含了许多学问，这需要我们仔细分析、解读。

如何搭建自己产品的用户体系呢？主要应注意以下几点。

1. 明确用户的直接需求

“以用户为中心”的主要对象就是用户，换句话说就是那些能真正接触并使用我们的产品的人。这些人具有人类的共同特性，但是，对产品来说他们彼此又不同。让产品适用于每个人是不可能的，因此，我们要了解用户的直接需求。

在了解用户需求时，首先得了解用户的需要。如果连用户需要什么都不知道，那就只能通过研究现有的或过去相似的产品，从中得到启发。

需求的类型很多，譬如数据需求、功能需求、环境需求、用户需求和可用性需求等。

起点网用户最直接的需求是小说阅读，因此，起点网通过限制小说书架和小说阅读的数量作为所有体系的源动力，从而促进用户更好地参与到产品用户体系中。

在了解需求的过程中，我们需要强调需求的可衡量性。对于每个需求，我们都需要明确做到什么地步才算达到了目标。对于那些不能衡量的需求，产品运营者尽量别在上面浪费时间。

了解用户的直接需求，最常用的方法有用户访谈、问卷调查、观察和集体讨论。我们可以根据具体情况取长补短、综合选用。在获得了用户的数据和信息后，我们可以使用需求模板，把这些数据和信息整理归纳为明确且具体的需求记录。

2. 选取源动力

根据用户的直接需求选取源动力，是吸引用户积极、主动参与到用户体系中来的根本。

参照起点网的做法，我们在选取源动力时可以根据用户的直接需求，制定用户等级制度，见图 3－6。通过等级制度来规定不同用户的购买数量。例如，相对于 VIP 用户，普通用户的购买数量可以限制在 3 个之内。我们还可以通过积分兑换的方式促使用户在产品内部消费。

3. 保障完好的生态圈

在搭建完整的用户体系时，我们还需要保障完好的生态圈，换句话说就是针对用户体系设定规则。比如奖品策划、数值策划、等级策划等，这些都是生态建设的基本元素。

例如，在起点网作家专区，针对所贡献的作品数量对作家划分等级，

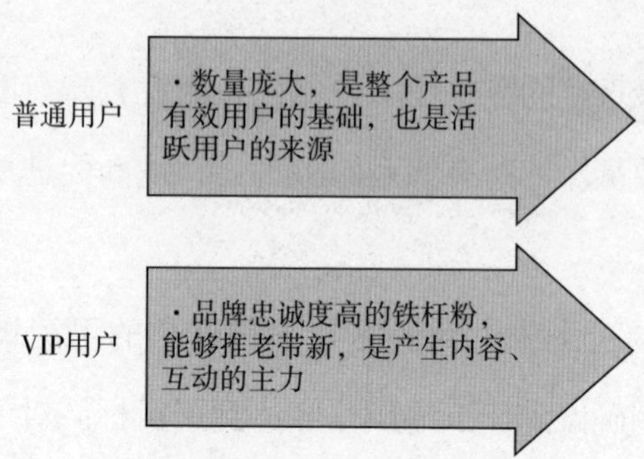

图 3-6　用户等级制度建设

如发表作品首日，订阅量 0 ~ 100，称为“小妖”；发表作品首日订阅量 800 ~ 1000，称为“小仙”；等级最高的是“白金大神”，发表作品首日订阅量 10000 ~ 15000。

挖掘种子用户：参与产品设计

种子用户是营销学中十分流行的一个词，指第一批接受并且对产品有很大好感的人，这部分用户除了反复消费外，还能够给店铺带来许多关于产品的意见，还会给店铺介绍新的特殊常客。当然，他们在产品的某方面需求中也十分偏执。通过这点，我们可以挖掘、培养只属于自己店铺的种子用户，从而把他们转变成第一批参与到产品设计的重点用户。

怎样获得产品最初的种子用户，是一个持久不变的问题，这个问题始终萦绕在产品运营者和产品经理的脑海中。

我们通过一个案例来阐述如何获取产品发展初期的种子用户。

豆瓣网是一家以技术和产品为核心、以生活和文化为内容的创新网络服务网站。豆瓣网早期以书影音起家，致力于帮助都市人群发现生活中有用的事物，通过桌面和移动产品来服务都市日常生活的各个方面。

豆瓣网是一家 Web2.0 网站，主要通过用户点击及购买电子商务网站的相关产品来获得收入。在豆瓣上，用户可以自由发表有关书籍、电影、音乐的评论，可以搜索别人的推荐，所有的内容、分类、筛选、排序都由用户产生和决定，甚至在豆瓣主页出现的内容也取决于用户的选择。

用户之所以愿意沉浸在豆瓣社区中，愿意提供内容，有两个动力：表达与认同。因此，豆瓣在产品设计上借鉴了很多网站元素。豆瓣创始人杨勃认为这种借鉴主要体现在三个方面。第一，简约素雅的界面风格，来自 flickr，包括它的分享概念；第二，电子商务方面，借鉴了亚马逊（Amazon. com），比如用户评论和推荐；第三，社会网络（SNS）的一些元素，把人和人的社会关系真实地搬到网上，不过一般的社会网络是没有媒介的，而豆瓣用相同兴趣作为媒介。

2012 年 8 月，豆瓣宣布其月度覆盖独立用户数（Unique Visitors）已超过 1 亿，日均 PV（页面浏览量）为 1.6 亿。2013 年第二、第三季度豆瓣的月度覆盖独立用户数均达 2 亿，较上年同期增长一倍。

从豆瓣网的案例中，我们总结了获取种子用户的具体方法，主要有以下几个。

1. 内容驱动

内容的形式是十分广泛的，内容是在不断发展、变化的，它随着各种现象的出现不断增加。内容驱动的前提是围绕用户的需求展开，因此，要保证一定的原创内容和较高的质量。

我们都知道豆瓣在早期是以书评为主的网站，要想获得高质量或者多元的书评十分不容易。当时，豆瓣找的第一批种子用户主要来源于阿北

（豆瓣的创始人杨勃）的生活经验。在豆瓣上，用户可以自行发表有关书籍、电影的评论。所有的内容都是由用户产生和决定的，因此，用户愿意沉浸在社区中。

那么，我们该如何运用内容驱动来获取种子用户呢？第一，通过文字、语音、图片与视频的合集，在屏幕上展现给用户。第二，内容独家化。独家提供内容给用户看是一个让粉丝只能去你的平台阅读的最好方式，譬如，腾讯视频就因为拿到《中国好声音》第四季的独播权，获得了大量用户。

2. 用户邀请模式

用户邀请模式是指在产品封闭的情况下，以发送邀请链接、口头邀请、邀请码、邀请邮件、邀请短信等方式来邀请用户。为什么说用户邀请能吸引种子用户呢？首先，由于邀请的数量通常是有限的，因此人们会产生一种资源稀缺的感觉；其次，由于邀请码具有稀缺性，获取成本相对较高，而一旦获得，人们就会更加珍惜，更积极地使用产品并宣传。

豆瓣早期受邀的人来源于程序员人群和互联网人群。在豆瓣，经常可以看到一些相当长的图文并茂的回答，用户提出问题，邀请人来回答问题，通常受邀的人会十分严肃地对待这件事情。

运用用户邀请模式最早的应属知乎社区网站。早期的知乎是一个邀请制社区，这个邀请制到现在还影响着知乎。在淘宝网，曾一度出现倒卖知乎邀请码的情况。

事实证明，用户邀请模式是获得种子用户的有效方式之一。

3. 口碑传播

依靠种子用户的口碑传播不仅低调，传播成本也相对较低，但对产品的要求更高。除了需要满足用户的核心需求，还要让用户感到用得值、用得开心，能够找到归属感，只有这样，用户才会主动、自愿帮忙传播。

豆瓣的开发者阿北（豆瓣创始人杨勃）并没有将太多精力放在产品的宣传与推广上，而是全神贯注地做好产品本身。阿北没有为给网站取一个十分有创意的名字而煞费苦心，他直接将网站命名为“豆瓣”。每次上线，阿北都会使用简洁、干练的文字向种子用户阐述产品的最新变化，并且鼓励用户尝试。

豆瓣一直很低调。2005 年 3 月上线，在半年内只积累了 2 万用户，却只有一名员工——阿北。此后的几个月时间里，用户的增长速度十分明显。2005 年 9 月到 11 月，增加了 2 万用户；2006 年 1 月，近一个月时间内增长了 2 万用户。用户迅速增长的原因是种子用户的口口相传。

通过豆瓣的这种模式，我们可以总结出，在获取种子用户的问题上，通常有两个维度：数量和质量，如图 3－7。

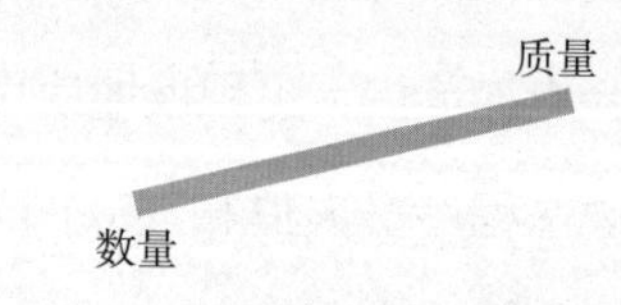

图 3－7　获取种子用户的两个维度

数量。也许有人会问，大概需要多少个种子用户才能让产品应用爆发？答案是 1200～6000 个就够了。前提是，他们必须都是种子用户，而并非初始用户。

质量。高质量的种子用户是怎样的？事实上，种子用户不仅是使用、传播产品最积极的用户，他们还是能够为产品出谋划策、提出意见的用户。正是因为这种既能帮助产品成长，协助优化运营策略，又能够踊跃分享产品的特性，我们要培养更多的种子用户。

那么，应该如何培养种子用户，从而让他们更愿意奉献力量呢？

认真倾听种子用户的心声。种子用户通常乐于沟通，如果产品运营者因工作繁忙，无暇与用户进行沟通，那么，种子用户将会流失。如何才能使种子用户不断增加？答案是需要与他们进行有效的沟通。沟通的核心在于能准确地倾听并及时给予有价值的回应。首先，要能听懂对方在说什么；其次，用户在提出产品的体验问题时，要及时回复，与用户互动。用户提出一个简单的修改意见时，要回馈他一些信息。

定期线下面对面活动。常见的线下面对面活动有线下实体店销售、社交活动等。如何进行线下面对面活动？可以根据自身的具体情况，针对某个卖场或某个商家组织线上报名、线下团购等活动；还可以成立线下购物俱乐部。

创造让潜在种子用户被膜拜的机会。每个人都有优越感，都希望被别人认同，那么，我们在培养种子用户的时候可以利用这种心理，让他们得到极大的精神满足，例如，授予勋章、文章加精、首页推荐、评估“论坛十大”、“造神”计划（包括专访、顶帖）等。

产生优质 UGC：吸引流量，加强推广

UGC（User Generated Content）的概念最早兴起于互联网领域，意思是指用户通过将自己的原创内容发布在互联网平台，以提供给其他用户或者进行展示。其目的是吸引更多流量，进行产品推广。

针对不同性质的产品，对 UGC 的质量和数量的要求是不一样的。例如，知乎、简书是依靠用户来产生内容的社区，所以，知乎和简书十分依赖 UGC。为此，他们通常会邀请许多不同领域的大腕，也就是我们常说的关键意见领袖（KOL）来产生内容，带动其他用户积极地提供内容，这就是体现 KOL 用户价值的所在。通常一篇优质 UGC，所带来的效果远比多篇软文要好得多。

下面我们以知乎网为例，来分析一下如何引导用户产生优质的 UGC。知乎网首页见图 3－8。

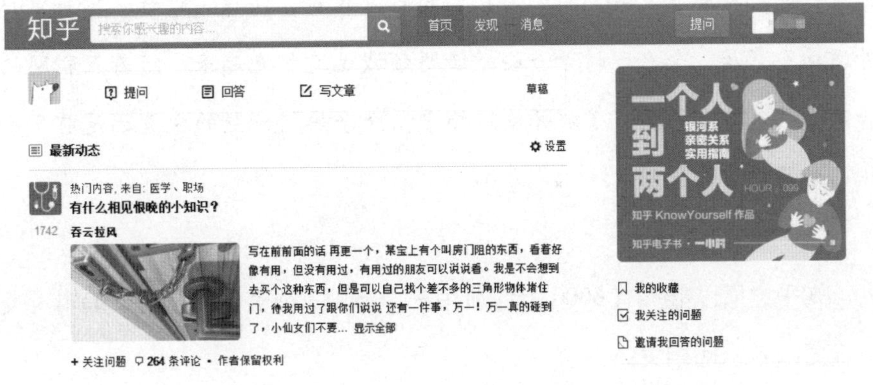

图 3－8　知乎网首页

知乎于 2011 年 1 月 26 日创立，其产品形态与国外的网站 Quora 类似。经过几年的发展，成功地从一个小小的极客社区成长为一个大社区，其用户的留存率达 80%。截至 2016 年 9 月，知乎已有注册用户 6000 万，其活跃用户量平均每天达 1600 万，每月的页面访问量已超过 75 亿。

用户之所以愿意沉浸在知乎社区中，愿意提供优质的内容，他们有两个动力：认同与表达。

知乎社区有许多有丰富职业背景的用户，他们通过知乎提供的基础设施（问答、知乎圆桌，知乎日报、专栏等）分享真实、优质的知识、经验和见解。通过知乎的独特社会化机制，他们可以自如地创建问题并参与到整个社区的公共编辑中，彼此之间通过激励的方式来提供优质的内容；他们可以自由地去创建和编辑话题，针对更大范围的用户，把优质的知识更加高效地组织起来，使之发挥更长远的价值；他们还可以在知乎社区关注自己感兴趣的人，彼此通过评论、回复、点赞的方式建立更真实、更深入的人际关系网络。

截至 2016 年底，知乎的头部话题领域包括金融、汽车、旅行、生活、健康、电影及职业发展。由于用户之间自发讨论，法律、设计、建筑、户外运动、家居、个人理财等一些新话题领域迅速扩充起来。随着互联网的普及，越来越多的用户了解并使用知乎，知乎热门话题的数量已是前5年热门话题总量的3倍。

知乎之所以能拥有6000万注册用户，与用户能够自主创建、编辑、发布优质内容密切相关。

1. 为用户提升创作的便利

相信很多人都乐于尝试，容易接受易操作、易分享的有趣的事儿。人们天性喜欢简单，乐于分享。我们从产品的角度来说就是用户的体验问题，怎样让用户获得更好的体验？答案是：通常简单、直接也许能得到更好的效果。

例如，知乎通过给用户提供基础设施（知乎日报、问答、专栏、知乎圆桌等），方便用户分享真实、优质的知识、经验和见解。用户可以利用知乎独特的社会化机制自如地创建问题并参与到整个社区的公共编辑中。这就是用户愿意沉浸在知乎社区的原因。

因此，我们在给用户提供创作的便利时可以突显需要用户参与的入口，并做到足够简单、便捷。

2. 激励用户不断地生产优质的内容

根据用户日启动频次来判断用户的活跃度，我们可以大致把用户分为5种，见图3-9。根据“二八原则”，20%的活跃用户贡献了80%的社区内容，我们可以就不同的用户行为来采取不同的激励方式。

通常，活跃用户创作的内容相对较多、质量较好，他们主要关心的问

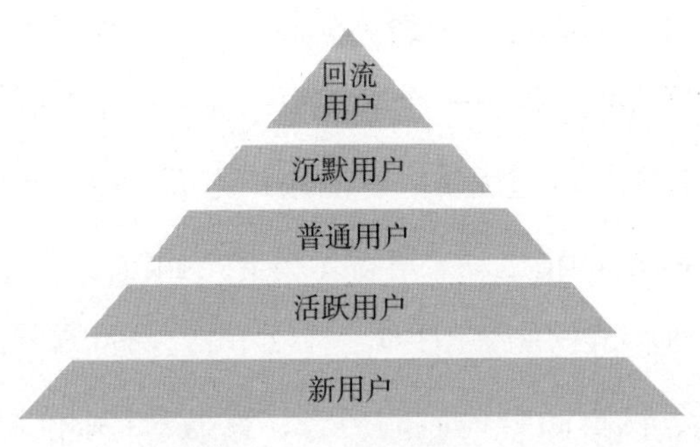

图3－9 用户分类

题是版权。那么，我们可以通过保障他们的内容得到尊重、保护版权来留住这些活跃用户。

知乎在这方面就做得很好。为了更好地保护用户的原创内容、组织问题，知乎建立了一个逻辑范围体系，用户发布的内容都会注明版权，所以用户不用担心版权问题。

在激励用户生产内容时，还可以通过降低发布平台的门槛，让更多用户更便捷地发布自己原创的内容；为内容的提供者给予物质奖励（优惠券、积分奖品等）；为内容的提供者给予精神、头衔、荣誉上的奖励（用户勋章、特权等）；尽可能地满足用户希望得到认可、关注的心理（首页置顶、点赞、回复等）。

3. 维护好创造优质内容的用户

能够创造优质内容的用户极少，用户之所以愿意花大量时间来贡献优质内容，一般出于以下原因：一是对自我提升；二是便于扩展人脉；三是创作者本身的乐趣；四是能赢得社区等级和奖励。

我们需要服务好这部分用户，让他们感受到被重视，这样我们的产品才能平稳运行下去。

比如在知乎，能够创造优质内容的用户可以通过知乎日报发表内容，使内容得到最大化的展示，让更多人认同。为了加强这部分人的影响力，知乎还制定了社区虚拟主题——个人主页。在主页里，强调了用户个人成就和职业经历。在维护创造优质内容的用户方面，今日头条的头条号、简书的首页推荐、Keep 的精选动态等都做得非常到位。

那么，怎样维护好这部分用户呢？我们可以通过互动的方式与他们尽量保持亲密关系，认真倾听他们的声音，真诚对待他们提出的问题和建议，还可以组织邀请他们参与参观公司等线下活动。

提高附加值：满足用户的高层次需求

日本产品设计家平岛廉久认为产品能够提供给用户的价值主要有两种：一是硬性产品价值，指的是产品实际能够提供给用户的功能，例如，化妆品的功能是保护皮肤，服装的功能是御寒；二是软性产品价值，是指能够满足用户感性需求的某种文化，比如香水能体现用户的高贵和魅力等。

简单来说，附加值是指企业给用户提供的产品，除了产品本身的核心价值以外的所有价值。往往这些价值正是在一定时期内，用户购买产品时最期待获得的利益或者好处。

中国的营销策划专家认为，产品构成的要素不外乎三点：形式产品、附加产品（即产品的附加值）、核心产品。随着经济的快速发展，人们的消费心理日益倾向于品位、感性、心理满意等抽象标准。因此，市场上产品的附加值的地位越来越高，与产品的卖点渐渐融为一体，难以分割。

那么，我们该如何提高产品的附加值呢？下面，以海尔防电墙热水器如何成为用户信赖的热水器为例来具体分析一下。

海尔防电墙热水器是海尔集团旗下继洗衣机、冰箱、空调之后的海尔集团第四大“白色”家电，同时也是2008年北京奥运会“白电”赞助商之一。

中国家电的现行安全标准采用的是国际IEC标准，是依照发达国家用电环境所制定的，这种标准适用的前提是家庭的地线接地良好，因此，包括电热水器在内所有家电的说明书中都明确警示：禁止在无可靠接地的情况下使用！但是，中国与其他发达国家的用电环境有所不同。

2005年3月，一项对中国家庭用电环境调查数据显示，中国至少有八成的家庭都存在用电隐患，譬如接地不良，无接地线，水管充当地线，线路老化，使用劣质插座、开关。这充分说明，在中国的用电环境下，用户就算使用符合标准的电热水器，还是会存在较大的危险性。在现阶段，中国家庭亟需能够解决环境带来的用电隐患的安全技术——防电墙。

海尔热水器诞生以来，在产品、技术、关怀、服务、责任各方面一直给用户意想不到的惊喜，不断追求完善的技术，将用户的利益始终放在首位，同时，也承担了一个品牌应担负起的责任。

海尔防电墙热水器特有的防电墙技术是专门针对中国家庭目前用电环境所研发的，不管是热水器自身所造成的漏电情况，还是环境漏电导致的水带电，“防电墙”都能全面阻挡并解决隐患。即使是在不安全的用电环境下，也能确保洗浴安全。“防电墙”的过滤作用相当于在人和热水器之间加了一个隔离电阻，降低人体可能承受的电压，解决了中国家庭的安全用电问题。

海尔推出“防电墙热水器”短短三个月，销量增长了十倍多，甚至在一些城市的市场占有率高达40%。用户热衷防电墙技术，是对安全知识认识的进一步表现。海尔防电墙热水器的平面广告见图3－10。

图3－10　海尔防电墙热水器

海尔防电墙热水器之所以能够成为许多家庭热衷的热水器，主要是因为解决了用户最大的痛点：漏电隐患。确保安全洗浴，大大提高了产品的价值。

这个案例给产品运营者和企业一个启示：面对用户消费观念的日渐改变，产品运营者需要通过提高产品的附加值来给用户升温。提高产品的附加值有以下一些小技巧。

1. 增加产品新功能，提高用户使用产品的价值

产品不断地推出新功能，产品运营跟着产品走，就需要快速跟进并导入用户。与此同时，运营要根据产品上线后用户的反馈、数据分析、用户

留存等来反向促进产品优化，从而提高产品的使用价值。

例如，海尔防电墙热水器在热水器的基础上增加了一个新功能：防电墙，解决了用户的痛点，从而提高了产品的附加值，让用户感受到了产品的温度。

以增加产品的新功能来提高产品的附加值，这种方法运用十分广泛。例如，以前许多金融产品只有提现、投资、充值等基本功能，用户用完一次很难再有二次使用，使用场景很少，同时，产品与人之间没有连接。其之所以有不错的留存率，是因为用户进行了投资，所以，用户需要每天关注平台的各种信息。

现在，如果增加一个社区功能，用户可以自己发帖，分享一些理财的“干货”或财经的消息，同时，其他用户觉得不错的话可以进行点赞、关注。这样一来，被关注的用户就不会轻易离开平台。对用户而言，能在产品的附加值中学到知识，自然就不会离开产品平台，也许还会推荐给身边的朋友。

2. 满足用户的情感需求

21 世纪，竞争是服务的竞争，说到底就是满足用户的情感需求。那么，用户到底需要什么呢？答案其实很简单，他们所需要的是保姆式的、贴心的个性化服务方案，不是口号式、虚无的承诺。

海尔防电墙热水器的成功是因其在保证产品品质的基础上，以感情为切入点，有效地实现了品牌美誉度。以前，用户只知道地线能防漏电，没想到地线也会带电。一般情况下，热水器漏电伤人，地线是罪魁祸首，在接连发生某品牌电器的触电事故后，用户才真正意识到其中的危害并引起警惕。因此，海尔防电墙热水器热销，实际上是用户真正对自己身心安全关注的体现。

为满足用户的情感需求，我们可以适当进行情感营销。人情味十足的情感告白能感动用户，从而激发用户在感情上的共识。

情感的趋势，逐渐成为产品运营者应该关注的焦点。同时，根据市场需求，也需要把目光调整到用户情感需求的轨道上，尤其是服务行业，要时刻关注现代人的情感生活，满足现代人的情感需求。

满足用户的情感需求，我们可以从多个方面入手，例如有分量的情感广告，情感包装，有特色的情感促销等。海尔防电墙热水器的广告语就是："洗澡，怎能随便来电！海尔防电墙热水器，全球热水器安全标准制定者。"

强化用户增长机制：促进用户健康增长

用户增长是产品好的表现。一般情况下，我们可以从三个维度来判断。

首先，是否满足了用户的刚性需求。所有用户增长都是以满足用户的核心需求为前提展开的。例如，微信满足了用户的社交需求；饿了么满足了用户的饮食需求；淘宝网满足了用户的购物需求；互联网金融点对点借贷平台（P2P）满足了用户的理财需求。

其次，用户存活率。用户存活率不仅能够反映出用户的体验，还能反映出产品的黏性。

最后，净推荐率（NPS），体现用户推荐欲望的强烈程度，用户的推荐欲望越强烈，做推荐有奖活动越能够吸引用户。

互联网产品的竞争本质是争夺用户，那么，如何才能实现用户的快速增长呢？答案是要掌握用户增长机制。

我们以饿了么为例，具体分析一下如何掌握用户增长机制，实现用户的快速增长。饿了么的平面广告见图 3－11。

图 3－11　饿了么的平面广告

饿了么由拉扎斯网络科技（上海）有限公司开发运营，是中国专业的网上订餐平台，提供西式、中式、下午茶、韩式、日式、夜宵等各类优质美食，并为用户提供送餐上门服务。截止到 2014 年 10 月份，饿了么已覆盖全国将近 200 个城市，其加盟的餐厅数共计 18 万多家，日均订单量超过 100 万单。

用户通过 APP 注册饿了么账号，填写基本信息就可以使用 APP 进行订餐。饿了么可以快速搜罗附近的外卖，用户不用打电话就可以直接预订，饿了么会在第一时间通知用户的外卖状态。用户可以对自己喜欢的美食进行点评、晒照片，还可以收藏自己喜欢的美食和餐厅，方便用户点餐。除此之外，饿了么还会经常推送一些饮品优惠券。

饿了么作为中国餐饮业的数字化领跑者，秉承极致、激情、创新之信仰，以建立全面、完善的数字化餐饮生态系统为使命，给用户提供了便捷的服务和极致的体验，同时也为餐厅提供了一体化的运营解决方案，推进了整个餐饮行业数字化发展的进程。

2016 年 9 月 12 日，饿了么宣布，其日交易额突破 2 亿元，旗下的蜂鸟配送“准时达”服务配送时长将缩短至 31 分钟以内。

根据数据显示，目前，饿了么交易平台已经覆盖了全国 1000 个城市。根据 2017 年 7 月的外卖市场报告，在 2017 年第二季度，饿了么以 35.5% 的市场占有率持续领跑中国外卖市场。

饿了么之所以能够拥有 7000 多万的用户量，并一直保持快速增长，在短时间打败竞争对手，成为中国外卖市场的领跑者，是因为它掌握了用户增长机制，满足了用户的刚性需求。

1. 推荐有奖

很多人喜欢用苹果产品，喜欢喝星巴克咖啡，喜欢逛宜家家居，并不是因为在哪儿看到了 banner（标语、横幅），大多是因为身边的朋友、同事、亲人在用，然后推荐给他们。

现在有很多平台，可以邀请好友，从而得到加息券、优惠券等，共享好友的收益。同时，用户邀请的好友再次邀请了他们的好友，用户还可以获得收益，这样不仅可以增加邀请人的积极性，还以较小的成本达到了精准推广的效果。

例如，饿了么通过推荐有奖，使得用户在邀请好友后，可以得到相应的外卖现金券、商家优惠券等，通过这些优惠券，用户在饿了么预订外卖时可以得到优惠。饿了么推荐有奖页面见图 3－12。

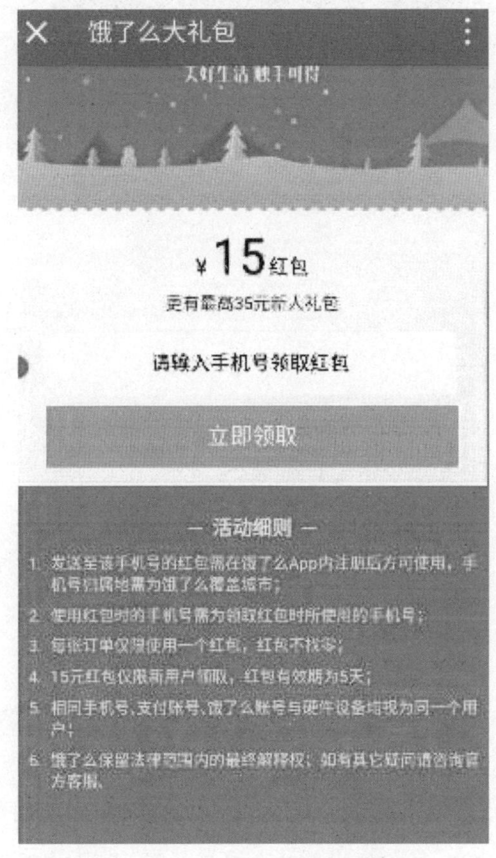

图 3－12　饿了么推荐有奖页面

2. 微信、QQ、微博导入

这一点对很多 O2O 产品或社交产品十分适用。软件可以通过自动获取用户的微信、QQ、微博权限，获取用户的信息。这样，不仅可以看哪些用户注册了，然后互相关注，还能方便用户邀请好友。

在饿了么 APP，用户注册时可以通过微信、QQ、微博、淘宝等第三方软件账号直接登录（见图 3－13）。

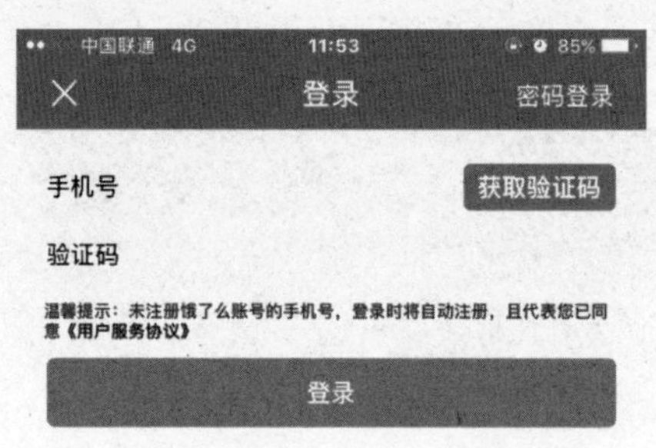

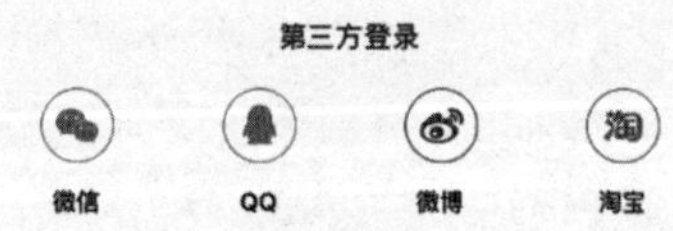

图 3－13　饿了么通过第三方登录界面

用户通过第三方提供的接口，省去了很多烦琐的注册流程，从而提升了用户注册的转化率。但是，这招对金融产品来说不太适用。通常情况下，金融产品需要严格地保护用户的个人信息，如果这样做，可能会存在一定的安全隐患。

通过微信、QQ、微博登录，可以增加注册转化率，方便用户分享到各大社交平台，满足用户炫耀的心理，同时还给平台带来了宣传和推广。具备第三方登录功能的还有全民 K 歌、唱吧等。

3. 分享红包

相对于现金补贴来说，红包补贴与其本质区别在于，能够通过关系链达到进一步传播的目的。

用户每次使用饿了么订完餐后，都可以通过微信、QQ、微博分享红包。用户把红包分享出去，可以抢朋友分享的红包，朋友也可以抢用户分享的红包。通过红包分享吸引用户进一步传播，用户利用分享的红包再到店使用，从而增加了产品的销售量。

利用分享红包的方式来吸引用户是十分有效的。例如，2014 年下半年，滴滴出行首次推出全新的红包形式——打车红包。与之前给用户直接补贴不同，此次打车红包并非直接存入用户账户，而是用户必须分享到微信朋友圈或者发送给某个好友，让别人领取才能使用。

2015 年 11 月 24 日，饿了么获得了滴滴出行的战略投资，用户通过抢饿了么分享的红包，不仅可以获取外卖红包，还可以获取滴滴出行红包。

这个案例也告诉我们，作为产品运营者如果能力允许，除了分享自身平台的红包，还可以和其他平台强强联合，资源共享，一起玩联合形式的红包，完善和强化用户增长机制。

第四章

内容运营：由表及里延伸

做产品不做内容，等于白做！在互联网+营销的世界，内容运营可以说是整个产品运营的核心。它是产品的内涵和内在，直接关系着用户对产品的认知、购买、使用和推广。因此做一个人人都爱的内容产品，是产品运营者必须掌握的一门学问。

你要的内容运营概念在这里

在产品运营中，内容是不可或缺的重要核心环节。因此，做好内容运营是做好产品运营系统的重要前提。内容运营主要是指通过创造、编辑、组织呈现产品的内容模式，以此来填充和提高产品的内容价值，从而吸引用户从内在关注产品。

内容运营自然离不开“内容”，内容分为广义的和狭义的。下面来分析一下内容运营包含的“内容”和操作方法。

1. 内容运营的核心概念

在人类社会的发展中，一切以人为本，有需求就会有供给，这是经济发展的规律。基于这种规律，内容才有了施展空间。尤其在互联网时代，人们的需求更多的产生于互联网，例如看视频、搜索新闻热点、关注明星动态、发朋友圈等。因此出现如此多提供内容服务的产品，也因此有了内容运营这个概念。

内容运营的核心概念是通过生产和重组内容的方式，满足用户的内容消费需求，提升产品活跃度以及用户对品牌的认知度。

2. 内容运营的价值

产品开发部将产品打造出来后，并不代表会有用户使用。这时需要产品运营者去推动产品和用户建立连接，让用户更多了解产品而后使用产品（拉新）。这个具体的方式就用到了内容运营。此外，对用户的活跃和留存环节，内容运营也起到了至关重要的作用。

内容运营的主要价值是连接用户和产品，在两者之间建立纽带，让用户了解和使用产品，向用户传递出更深的价值，见图4－1。

图4－1　内容运营作为纽带连接用户与产品

可以说，无论在产品运营的哪个环节，都离不开内容运营这条纽带。

3. 内容运营的具体作用

对产品运营而言，内容运营的具体作用不容忽视。

内容运营对产品的作用到底有多大，下面我们以宜家家居商场为例来说明。

你刚买的新房准备装修，听朋友说宜家的产品不错，于是你在假日去了宜家参观取经。在去宜家之前，你想的只是去参考一下宜家样板间里的家具布置和摆设。

到了宜家之后，你被宜家的整体风格吸引，甚至每一款书柜都让你印象深刻。通过一段时间的参观后，你意识到宜家追求简洁实用、组装便捷的小清新风格。离开时，你对宜家的装修风格有了清晰的整体印象。不仅是家具摆放和室内改造，还包括那些出现在小角落里的可爱的装饰品。

在这个故事里，你是用户，去宜家参观取经是一种需求，宜家家居是产品，宜家家居的装修样板间是内容。

来宜家之前，你有明确的理性需求——去学习如何装修。去了宜家之后，你对宜家的整体风格和家具特色印象深刻，这是一种直观感性的收获。离开宜家，你不仅学习到了怎么装修，还对宜家产生了整体认知，说不定还买了大量宜家产品。

简单来说，通过依附产品（宜家）的内容运营（样板间装修），不仅满足了用户（你）理性的内容需求（装修参观），还让用户感性地对产品的整体风格和调性有了一定认知。

所以，内容运营的作用可总结为两点：满足用户的内容消费需求；传递产品的定位和调性。

（1）满足用户内容消费需求

内容运营最重要的作用是给用户呈现想看到的内容。通常情况下，可将内容需求细分为四类：

——获取资讯（如网易新闻、搜狐视频、今日头条）；

——打发时间，社交需求（如微博、微信）；

——深度汲取（如知乎网、好奇心、哈佛课堂）；

——消费决策（如京东、唯品会）。

当然，这四类需求也会有交叉。了解了这四大类的需求之后，就可以通过独特的内容运营来连接用户需求。

（2）传递产品定位和调性

内容运营还可以传递用户产品的定位与调性，使用户对产品产生某种专属印象。如宜家通过文案宣传、电视广告、线下活动、装修样板间等各种各样的内容运营方式，让用户对宜家产生了自助购物、简易组装、时尚舒适等印象，从而缔造出宜家的品牌形象。

综上，了解内容运营的概念、价值和作用对我们接下来详细操纵内容运营有很好的帮助，这也是做好产品运营的大前提，是产品运营者必须掌握的功课。

内容采集：明确主题，确定运营方向

在内容运营过程中，产品运营者的目标是要做好内容，给用户带去零差评的内容产品。因此，内容采集是产品运营流程最开始的一步。

在采集内容时，产品的现有情况是企业必须把握的，这样才能更好地对产品未来内容的运营方向进行把握。特别是那些被收购或与其他企业的产品进行合并的企业，刚接手一个新产品，更需要把握产品的现有数据等状况，对各方内容进行采集。

产品运营者首先需要掌握产品当前的日活跃用户数量、转化率、总用户数量，其次需要掌握产品运营方面的数据，例如，每天需要发多少条信息，每条信息发的时间段，每条信息都是什么样的内容，点击率有多少，下发量有多少，点击用户有多少等。这些都是需要重点掌握的数据，也是内容采集的前提。

当然，我们还可以从更专业的角度理解内容采集。我们暂且将负责内容采集的产品运营者角色定位为杂志社的编辑。众所周知，一个优秀的编辑需要在写作之前确定好采写的方向，明确采写的主题、意义等，还要确定大方向，然后再往文章里面输入更多细节的内容。

同理，在产品运营中，做内容运营时也需要先确定好内容的定位、内容来源渠道（UGC－用户生产内容、PGC－专业生产内容或者其他形式）、目标人群、意义和作用等。在明确大方向之后才可以更好地着手准备下一步的内容运营工作。

为了更好地展现内容采集的过程，我们以 MINI 汽车为例来介绍内容采集的“内容”。

MINI 是一款风靡全球、个性十足的小型汽车，1959 年 8 月 26 日由英国汽车公司（BMC）推出，后被宝马公司持有。在半个多世纪里，MINI 获得了巨大的成功。

MINI 凭借时尚复古的外观和高配置的性能，获得了都市年轻人的喜爱。在 2017 年的 MINI 年终总结中，MINI 的品牌价值在一年之内飙升至 49.886 亿美元。同时，MINI 还成功挑战吉尼斯世界纪录——侧轮穿越“绿色地狱”；在沙漠中如鱼得水般行使；增加了一项赛事——“丝绸之路拉力赛”等。

2017 年，MINI 全新推出了五款时尚新装车型，为 MINI 家族增大了声势。同时，为了吸引更多年轻人的关注，中国地区的 MINI 在内容运营方面，特别邀请了刘若英、朴树、阮经天、黄觉等明星作为代言人（MINI 汽车邀请歌手朴树代言的广告见图 4－2）。这些明星通过分享驾驶 MINI 的体验，与用户进行了近距离沟通，传达出 MINI 自由、时尚、追求梦想的概念和理念。其中明星系列的内容主题是“总有好故事”，采集这些明星与

MINI 汽车的共同理念故事，展现出了 MINI 所具有的独特文青气质。

图 4－2　MINI 汽车邀请歌手朴树代言

MINI 汽车的案例告诉我们，内容采集始于内容来源，可分为两个部分：

1. 横向内容采集

横向内容采集主要的着手点在于产品运营者、产品经理、产品营销人员、产品策划是以原创方式采集内容还是授权转载内容，又或者内容是由用户生成的。

很显然，MINI 运用明星代言，让明星讲出自己与 MINI 的故事，这是以原创的方式采集内容。

见图 4－3，MINI 的官方微信公众号（绝对 MINI），发布了下面这篇原创内容。

朴树：我应该多一些世俗的欢乐

朴树，一个执着的歌手

印度，一个随机的国度

两者因新一代 MINI countryman 缘起

六天的旅程，一路的好故事……

图 4－3　朴树与 MINI 的原创故事

在这篇内容中，MINI 的产品运营者亲自与朴树进行交流，并且将朴树的故事写了出来，其间最多的连接纽带就是 MINI 汽车。

通过这种契机和方式，MINI 的产品运营者将一个个原创故事抛出，给用户带去了别开生面的体验。这种内容就来自横向采集，是产品运营者都应该学会的采集方式。

产品运营者可以采取原创内容、原创故事、采访等各种方式去获得内容，给用户带去更惊艳的内容体验。

2. 纵向内容采集

纵向内容采集的来源渠道则是研究内容具体是从哪里来，是怎么来的，又是从哪里获取到的以及怎样让内容贡献者持续地贡献内容。

MINI 在这方面也是高手。2016 年 11 月 3 日，在全球最长、最具挑战，被人们称为“绿色地狱”的德国纽博格林北环赛道上，中国的赛车手韩岳以高难度的侧轮驾驶方式，创造了全新的 45 分钟圈速记录。当车“翻”起的那一瞬间，全世界都惊呆了。有关此次活动的宣传内容见图 4 –4。

图 4 –4 MINI 汽车参与“绿色地狱”赛车活动

韩岳驾驶的汽车正是 MINI 汽车，因此，MINI 的产品运营者在内容上就有了一个纵向来源，内容生产者是这场比赛和赛车手。而这样的内容采集恰恰让更多人认识了 MINI 汽车，这是一次非常完美的内容运营。

产品运营者要抓住客观存在的事件，及时将产品“植入”其中，让内容通过事件的发展理所当然地流露出来，给更多用户带去视觉体验。

因此，无论是产品运营者的原创内容，还是根据外在的客观事件引发的内容，都可以作为内容采集的来源，产品运营者应该学会其中的技巧。

内容策划：设计话题，拉新品牌运营

2014 年的某一天，互联网历史上发生了第一次“约架事件”。罗永浩（锤子手机创始人）、王自如（知名数码自媒体达人）就锤子手机各项性能等问题，开展了一场辩论……

这次约架中最大的赢家既不是罗永浩，也不是王自如，而是优酷。优酷直播在第一时间策划了“互联网第一次约架”内容，在这个过程中赢得了大量的流量及互动量。

据统计，本次视频直播共计 250 万人登录观看，超过 30 万人同时在线观看。这些数字在今天看来都十分庞大，何况是 2014 年，那是一个视频网站超过几十万点击就名声大噪的时代。这样的数据不仅创下了直播纪录，还刷新了互联网视频直播数据，更让所有的产品运营者对内容策划这个运营手段产生了新的理解。

优酷作为视频网站，很好地进行了内容运营策划，用专业的姿态策划了一场“约架”。

目前，互联网上类似的活动也有很多，但追其本源都来自内容策划，即产品运营者要围绕有热点、有争议、有深度的话题，以讨论、pk、弹幕等形式的场景化包装策划和传播，以完成拉新、留存、促活、转化、竖立品牌的运营目的。

进行内容策划时，如何才能更显专业呢？主要应把握以下几点。

1. 用话题策划内容

当一款产品度过了追求量化的阶段，就需要考虑如何在内容运营方面进行专业策划，以此引入新用户（拉新）。

在这里介绍一种最有效的方式：策划话题。以优酷策划的罗永浩和王自如“约架”视频直播为例，我们来仔细分析一下这个事件里话题策划的流程。

（1）最开始在微博上出现热点（多方策划推上热搜），在微博出现罗永浩和王自如的“互掐”话题。

（2）优酷（媒体属性）第一时间跟进并放大该话题，创建了一个视频直播的辩论场景。

（3）罗永浩和王自如分别在微博上发声要同台对峙。

（4）各大媒体，包括纸媒、网媒争相跟进报道。

（5）自媒体和意见领袖开始发声提看法，各路“吃瓜群众”开始聚集。

（6）优酷提供视频直播服务，用户直接在优酷中选择观看，并在页面上选择自己喜欢的一方，然后发表弹幕和评论观点。

（7）“掐架”事件之后持续跟进报道，用户就双方输赢后续议论纷纷。

简单来看，这个内容话题的主题流程如图 4－5。

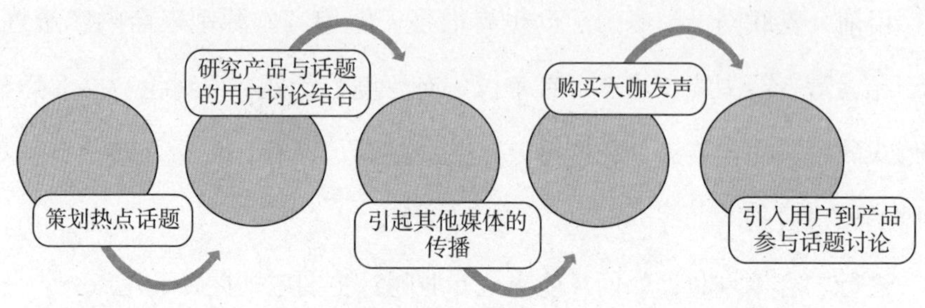

图 4－5　优酷制造“互联网第一约架”的主题流程

因此，在这里，我们要求产品运营者独立开发或者重复使用某个话题，作为讨论工具。例如，在社区话题讨论工具中比较常见的有弹幕、话题贴、微博话题、PK 贴、直播贴。产品运营者从中要选择一种或者几种，结合可预测的热点进行话题内容策划。

在这里，我们需要注意两点：可预测的话题和不可预测的话题。例如，罗永浩和王自如“掐架”这种热点是不可预测的，但可以及时跟进；诸如节假日、奥运会、公司动态等这样的活动则属于可预测的话题热点。

内容话题策划准备完成之后，还需要提前进行宣传预热，让重点目标人群知晓该话题。为了提升话题参与量，产品运营者还可以在话题讨论开始以后设置奖品作为奖励，还可以对用户的发贴框做一个特型展示。

2. 内容策划时间要快

事实表明，产品运营者不仅要有远见卓识，发现话题、制造话题，还需要把握住时机，在第一时间进行内容策划。无论是话题还是热点，都应该抓住第一手资料，否则很可能被他人捷足先登。

在罗永浩和王自如的“约架”苗头出现之后，优酷第一时间就对其进行了视频赞助和合作，并且在微博、微信等各大平台制造声势，做足了内容策划活动。正是因为时间上的及时，才能在这次内容策划中准备充分，获得如此高的点击量。

在内容运营中，产品运营者一定要用专业的眼光去策划内容，抓住重点，步步围攻，跟紧内容话题流程，成功吸引用户。

内容呈现：编排信息元素，给用户视觉冲击力

前面讲述了内容采集和策划，接下来讲内容呈现。我们看到的任何东西都是内容，内容呈现就是产品运营者通过某种形式将内容编排好后呈现在用户眼前。在这个过程中，产品运营者需要掌握一些技巧。掌握了这些技巧，内容呈现就能简单上手。

我们先来看一个案例。

2017 年雪佛兰汽车为旗下的一款探界者系列 SUV 汽车做足了内容运营。雪佛兰这次的内容运营抛弃了传统的纯文字介绍产品功能、配置、外观等方式，而是选择用一个非常有趣的形式拉开了这次内容运营的大幕。

如图 4 -6、图 4 -7，雪佛兰这次内容运营的重点是向用户介绍探界者 SUV 这款产品的 HDC（“陡坡缓降控制”）。首先标题上就十分有意思：《EQ | 如何让女友时刻保持美美美》。

一上来，用一段文字引出了这个内容：

很多人买车的一大理由就是为了
和女朋友来一场说走就走的愉快旅行。
旅行最重要的是什么？
当然是美！
试问谁不希望看到自己的女友
下车美美地玩耍，上车美美地补妆？
但，当遇到不好的路况时，
很多人都会一脚刹车一脚油门，
于是，他们的女朋友就会这样……

接下来恰当地给出了一张动图，动图是一位年轻女性在副驾驶位上涂口红，因为突然刹车导致口红涂在了脸上，弄脏了妆容。

接下来，继续上述的描述：

一个有EQ的人，
不会让女友陷入如此尴尬的境地。
他懂得利用身边的工具，
为女友营造出一个合适的环境，
让她时刻保持优雅美丽。

然后再配上一张动图，一位女性在车内从容淡定，十分稳定地化好妆，然后美美地一笑。又用一段话引出了探界者汽车HDC陡坡缓降功能：

稳定的环境，让有 EQ 的车带给你，雪佛兰探界者 HDC 陡坡缓降功能。

在车速低于 30km/h，且在坡度大于 16.5 度的下坡道时，会对车辆进行制动，无需踩油门和刹车就能使车辆保持恒定的车速下坡，使车内环境保持稳定。

而当车速低于 50km/h，驾驶者可按下 HDC 开关，使 HDC 功能处于待命状态。一旦驶入坡道，HDC 将自动开启，再也不用担心猝不及防的刹车。

在排版中，运营者配备了几张雪佛兰探界者 SUV 的图片，给用户在视觉上带去了冲击。最后，在内容上，产品运营者又紧扣主题，呼应开端："有 EQ 的人，有实力让女友时刻保持优雅美丽，有 EQ 的车，让你的实力更具实力。"

从雪佛兰的案例中可以看出，成功的内容呈现，重要的技巧在于标题、插图排版、传播渠道以及内容本身。当然，内容本身是核心，我们在前面通过内容采集和策划已经详细说明。下面我们主要来说一下内容呈现的其他重要因素。

1. 制造吸引眼球的标题

在内容呈现中，如何才能创作吸引眼球的标题呢？这是运营者非常关注的问题。标题是一篇文章的眼睛，大多数用户看一眼标题就会决定是否继续往下观看。在这里，有几个简单易学的标题技巧需要掌握，见图 4－8。

（1）加入情感因素。如雪佛兰《如何让女友时刻保持美美美》这个标

图 4－6　雪佛兰探界者汽车的内容呈现　图 4－7　雪佛兰探界者陡坡缓降功能图片

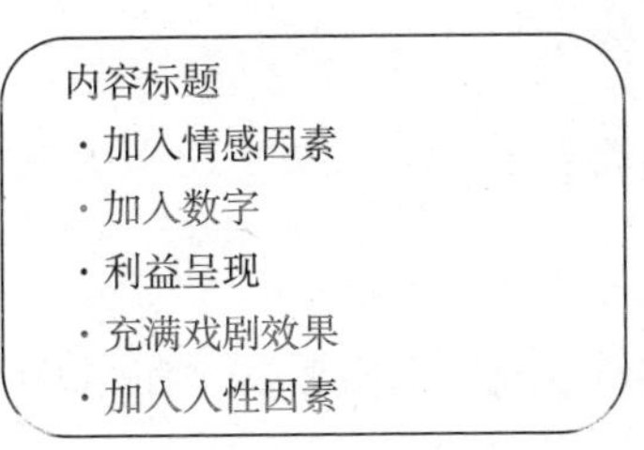

图 4－8　制造吸引眼球的标题的方法

题既符合现代化购车者的心理，又巧妙融入了情感，用户看到之后会非常愿意继续往下看。

（2）加入数字。数字可以快速达到划重点或归类的效果，如《x 大方法》《xxx 道工序》，这样的标题在无形中帮助用户提炼了内容要点，更容易让用户接受。

（3）利益呈现。产品运营者还可以直接把好处告诉用户——看这篇文章是能陶冶心情还是能“涨姿势”。把用户最关心的“痛点信息”彰显出来，可以快速吸引到核心用户人群。

（4）充满戏剧效果。戏剧效果就是在标题中制造一些矛盾冲突，让矛盾冲突带动人们的兴奋点，勾起用户的好奇心。

（5）加入人性因素。事实上，好的标题可以把人的懒惰、贪婪、好奇以及恐怖等情感调动起来，还可以推波助澜，这样的标题也是多数用户内在的兴趣点。此外，在人性的因素中，具有鲜明观点或是挑战权威看法的标题也可以带动人的眼球。

2. 内容插图呈现

内容呈现不仅仅是文字上的呈现，还应该借助一些图片来渲染和装饰。而且图片的出现能更大程度激发人们的兴趣点。

关于插图需要遵循一些原则：

第一，图文相关，不能随意放图。如上述雪佛兰案例中的配图都十分贴合内容，为内容呈现增色加分。

第二，图片尽量用高质量的。高像素和清晰的图片可以在视觉上给人带来美观。如果图片不清晰很可能会适得其反，让用户抵触。

第三，图片的尺寸要符合排版要求。

第四，在新媒体时代，还可以使用一些动图、小视频等带动人们的兴趣点。

3. 内容排版要有审美观

内容呈现中，排版也很重要。排版有一个大前提，即一定要有审美观。其看似毫无头绪，但掌握了技巧也可以很简单。

第一，多分段，不要杂糅在同一个段落里。

第二，行距要适当，不可太密集，也不可太稀疏。

第三，字体不要太花哨，大小合适即可。

上述雪佛兰案例中的排版就非常具有审美观，无论是整体布局、每段的分隔还是图片的间隙，都给人赏心悦目的感觉，这样的排版能真正让用户喜爱。

4. 选择合适的传播渠道

内容呈现还包括一个重要内容，那就是通过何种方式呈现到用户眼前。内容再完美，到不了用户眼前都是失败的。因此创作完内容后，我们还需要选择合适的传播渠道。传播渠道包括论坛、官网、微信、微博、贴吧等网络渠道，也包括线下渠道。

雪佛兰案例中最主要的传播渠道是微信公众号、官方微博、官网以及线下4S店。这些都是最简单也是能最快到达用户眼前的渠道，对内容运营来说十分重要。

当然，在内容传播中，除首次传播之外，二次传播也很重要，对某些产品运营来说二次传播的效果远大于首次传播，因此，做好持续的内容传播很有必要。

内容持续效应：做足传播，为产品赢得好口碑

内容运营体系很重要，内容的持续性传播和持续效应更重要。我们要对产出的内容做一个详细规划：清楚近期要规划什么样的内容，这些内容又会带来怎么样的效果。事实上，内容传播的目的无非是两点：第一，获取更多用户；第二，对产品或者服务进行传播。

如今内容传播大多是新媒体运营，新媒体运营讲究的不是单纯的内容整合，而是要在内容传播的过程中，为产品的价值或品牌传播树立基准或者目标。因此，内容传播得越久，产生的效益就会越大。

佳能（Canon）是日本老牌相机制造商，也是闻名全世界的相机品牌。20 世纪初期，日本相机行业十分落后，多数日本人使用的相机都是国外进口的。为此，几个日本年轻人为了制造日本的相机开始仿造高档德国相机，并于 1934 年，在东京的一个小工场里成功仿制了德国徕卡相机（Leica)，也研制出了日本第一部35mm焦段平面快门照相机KWANON（佳能的前身）。后来，佳能闻名于世，成为风靡全球的名牌相机。

佳能产品之所以能够在几十年时间里一直被人们传颂，原因在于佳能产品运营团队在内容运营中做足了持续的传播，为产品赢得了连续好评和口碑。

尤其是在内容的创造和传播方面，佳能长久以来最注重的是“感动”的情怀，譬如那句经典广告词“佳能，感动常在”。

此外，佳能还特别在官网、微博、微信中为用户推出了专业单反数码相机的拍摄教程、知识体系等课程，吸引了人们长久的关注，并因此获得了好口碑。佳能官网见图4－9。

图4－9　佳能官网推出单反小课程

如图4－10，2017年5月15日，佳能在官方微博中发布了这样一条微博：

#摄影课#摄影是一门关于光影的艺术，光线的细微变化都能引起作品的不同，而影子的存在更是给画面添加更多的趣味，点击视频，带你一分钟掌握光影篇拍摄技巧。

图 4 – 10　佳能相机官方微博发布教程

佳能还会在微博和微信公众号等渠道中为用户设立摄影专家渠道，为用户解答各种摄影疑惑。这种内容上的运营不仅为佳能产品带来好口碑，还为佳能带来了更多后续的传播。

通过佳能案例，我们总结出以下几种可以产生持续效应的内容运营类型：知识体系型、专家科普型、活动持续型、答疑解惑型、品牌传播型。

产品运营者可以根据不同的内容运营类型来选择恰当的内容运营模式。如苹果手机，自从乔布斯开创 iPhone 时代以来，人们对苹果手机的追求看似永无止境。

为什么在智能手机领域，苹果手机能常青呢？因为苹果产品运营团队紧紧地抓住了后续长远的内容运营。如成立了专业的苹果线下体验店，在体验店中有专门的苹果技术人员为用户提供指导，帮助用户学习使用苹果产品，甚至还定期举办苹果线下沙龙活动，邀请大量苹果用户一起学习，一起成长。

苹果在网上也有很多专业群，这些群里长久驻扎苹果内部专业人士，为用户解疑，回答问题，推出优惠活动等。这些内容上的运营和传播，都让苹果产品获得持续的长久传播效应。

此外，在这些内容产出的背后，还有一个很重要的角色直接影响到后续的内容传播效应，即客服。

在新媒体运营中，产品运营者可以包装一个虚拟客服的角色（该角色非必要存在，要根据产品来决定）。这个客服的作用是及时与用户进行互动（在线），并沉淀平台的优质用户。

在以服务为主的新媒体平台里，客服的存在具有重大的意义。很多内容运营者在进行内容传播的同时也会兼任类似客服的角色，并把用户沉淀到自己的产品粉丝群中，让内容产生持续效应。

第五章

活动运营：有逻辑地层层递进

不会做活动，算什么运营者?!做一个成功的产品运营者，必须学会做活动策划的高超本领。本章带领产品运营者进入一个活动策划的世界，全面解读产品运营中活动策划的文案创意和开展技巧。

活动运营围绕什么活动

活动运营包含活动实施、活动策划和嫁接相关产业，打造产业链。

活动运营是产品运营者的基础工作之一。活动运营是围绕内容和用户进行的，是内容运营与用户运营的延伸，目的是增加品牌的传播度、购买转化率、平台活跃度、下载量等。

如图 5－1，活动运营主要分为三种类型。

传播主导型活动运营。以品牌宣传普及、娱乐色彩为目的。品牌宣传普及，通常是以海报、礼品、白皮书等形式出现的，在某一时刻，令人震撼；娱乐色彩，主要是为了增强人们之间的感情，形式十分丰富，如唱歌、问题抢答、做游戏等。

营销主导型活动运营。以盈利销售为主，品牌宣传为辅。譬如，中国 2002 年的南方汽车展，首届广东企业家 VS 中国明星足球赛。这些活动是为了提高产品知名度，以活动为引爆点，吸纳广告投放和目标用户门票资

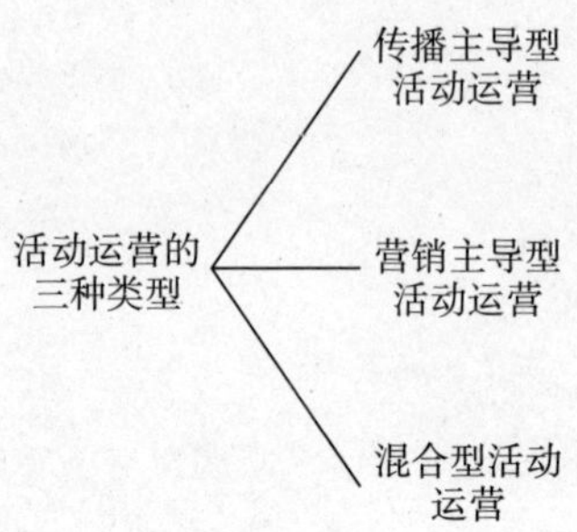

图 5－1　活动运营的三种类型

源。这种活动本身就是一块“磁铁”，能够吸引用户的热情和眼球。

混合型活动运营。兼备以上两个类型的特点。譬如世界华文广告论坛、中国就业财富论坛。这些活动通常以用户下单为前提条件，用户下单了才能获得参与活动的资格，其本身是一种品牌推广行为。

活动运营是由一系列的工作组合而成的，有效执行并没有想象得那么简单，需要掌握技巧。

我们说，不会做活动的产品经理不是好的产品活动运营者，那么如何才能成为合格的产品活动运营者呢？

我们以长安汽车的活动文案为例，具体分析一下如何成为一个合格的活动运营者。长安汽车活动宣传广告见图 5－2。

五一放了三天假

携家带口来了个周边游

回家一算，钱花多了！

油费 600 元，景点门票 300 元

住宿 500 元，用餐 550 元

还有……

图 5－2　长安汽车活动宣传广告

这还是省着花

老天，谁能给我报销

这事老天不会管

但是你还有长安汽车啊！

长安汽车连续 8 天狂派旅游基金

凡是购车的用户（除 CS95 四驱及新能源车外）

可获得 2000 元旅游基金

算上今天，你还有 2 天，

将与 2000 元旅游基金失之交臂

还不快快行动

速来领取你的报销款

拿了旅游基金，还有好福利

欢乐长安购399元优惠券可抵数千现金

6月30日前

在长安商城网购399元代金券

最高可抵10000元现金优惠

长按下图识别二维码即可购券

更多优惠详情，一按便知

你负责潇洒，长安负责买单

就这么简单

以上是长安汽车2017年“五一”活动的文案，看起来很简洁，但是充分利用“五一”契机，其活动目标、活动时间十分明确，在很大程度上吸引了用户的热情和眼球。

从长安汽车的活动文案可以看出，成为一个合格的产品活动运营者需要掌握以下几点。

1. 明确目的

目的明确是一条隐线，事实上，对于活动运营而言，最忌讳的是为了做活动而去做活动。产品活动运营者在设计活动前，必须有明确的目的。如为了提高用户活跃度、为了传播或者是为了收入等。总而言之，所有的活动设计都要围绕一定目的进行。

如上述长安汽车“五一”活动文案，其目的就很明确——为了传播品牌文化，促销获得盈利。

策划活动的目的如果只是为了收入，我们就要“故意”给用户放出便宜的消息，看起来便宜实际并没有那么便宜。譬如，长安汽车的活动文案就体现出这一点，用户在购买产品后可以获得价值2000元的旅游基金，看上去是让用户省钱，实际上则是用旅游基金来鼓励用户购买汽车产品。如果只是为了提高用户的活跃度，那么，在规则设置上，需注意要让用户有活跃的行为。如果只是为了传播品牌文化，在活动文案中就要设置很多的传播节点。

明确目的十分重要。在策划活动时，可以借力热点事件、时间节点，但最核心的是让用户根据所设置的规则，来实现活动的目的。

从事产品活动运营时，请把“目的”二字刻在心上，否则是做不好产品活动运营的。

2. 活动时间十分重要

在策划活动时，活动时间十分重要。很多的时间节点、热门事件都十分有利于活动借势宣传，有时候还能成为做活动的理由。传统的线下活动经常会选择在节假日、店庆日，换季时开展。移动互联网的普及给了线上活动许多新的选择、玩法，除了店庆日、换季时、节假日，热点事件也成为许多活动运营者的选择。

策划活动时，活动起止时间要有范围限制。如果想尽快得到活动效果，就必须尽快让活动上线。活动如果可以借势，会事半功倍，这个“势”就是时间点。

在确定时间时，还应该避开一些势头太强的时间点。譬如，阿里巴巴的“双十一”“双十二”，京东的“618”等。

3. 怎样才能吸引用户眼球

吸引到用户眼球的活动需遵循两个原则：创意、简单。

有趣味的活动本身就是吸引用户参与的一个好理由，因为它能抓住用户的兴趣点，满足用户的个性化需求，从而刺激用户参与。

很多时候产品活动运营者设计一个全新的活动是比较困难的，所以大部分活动策划都是站在成功的活动基础上去“微创新”。“微创新”指借鉴以往成功活动的模式，寻求部分变化。这里的变化可以是主题，可以是参与规则，也可以是参与平台，但活动主体模式基本一致。

有些产品活动运营者在策划活动时一不留神就会陷入自我思维中，这主要源于他们对产品过于熟悉，使得所有的动作都变得理所当然。因此，产品活动策划者还需要经常和用户交流，站在用户角度考虑问题，保持一颗参与心。

活动理由：抓住用户最感兴趣的点

产品活动运营是配合产品的整个运营节奏来策划组织的。作为产品活动运营者，首先要思考的问题是，做活动策划的理由是什么。

一个正当的理由不仅可以更轻松地获得外部理解，让用户知道你在做什么，更好地调动用户的热情，还能获得内部理解，方便协调各种资源来支持此次活动。

那么，做一次活动策划的正当理由是什么呢？滴滴租车在 2017 年“五一”时期做的活动，文案很好地解释了做活动策划需要一个什么样的理由。滴滴租车“五一”活动宣传广告见图 5－3。

犹豫五一去哪儿耍？准备跟着人潮挤地铁公交赶景点？

想好约哪个妹子出发了么？再不决定，五一的车，就！要！被！别！人！租！光！了！（妹子就！要！被！别！人！抢！光！了！）

图5－3　滴滴租车“五一”活动宣传广告

在这个关键时刻，为了让你五一玩得尽兴，花得开心，不痛不痒地租5免1哪里够！滴滴租车特供限时三重惊喜，加量不加价！

惊喜一：提前下单，首日免租金。手机一键下单，车就免费送上门

即日起下单，4月24日－4月26日期间取车，租期满4日免首日租金。手机一键下单，车就免费送上门！

惊喜二：100%返端午无门槛现金券

即日起至4月28日，下单即得最高300元端午无门槛现金券，于活动结束后3个工作日内发放。

惊喜三：有机会得租车＋撒野Package

即日起至5月1日用车，有机会得运动包、野餐垫等郊游装备，打开你的后备箱，等待五一惊喜吧！

温馨提示：

（1）该活动目前仅在北京、上海、深圳、成都、青岛开放，全国用户可异地下单。

（2）首日免租金活动不与其他优惠（如租车券）活动同时享受。

（3）如有更多问题，请致电客服电话：4001－155－155。

看到这里，还不赶紧下单的，就真的“注孤生”了。

滴滴租车的“五一”活动文案目标很明确，让用户一目了然，能够吸引用户关注并参与活动，实现“租车”的目的。从中我们可以看出策划活动的正当理由有以下几个。

1. 时间

时间是人类用来描述物质运动过程和事件发生过程的一个参数。很多人的时间观念很强，因此，用时间作为理由来做活动让用户更容易接受。

时间理由常见的有很多种。例如，季节变换（换季清仓大甩卖、换季促销等），历史上的今天（十周年庆，满100减50），各种节假日（“五一”——劳动光荣，“十一”——国庆七天乐，春节——家家团圆，端午节、中秋节、情人节、圣诞节等）。

上述滴滴租车的活动文案就利用了时间理由——法定节假日“五一”。人们放假免不了出行游玩，出行就需用到交通工具。滴滴租车利用这点，策划租车出行活动，既方便用户又可以让用户得到意想不到的惊喜，满足了用户的出行需求。

2. 产品本身

与时间不同，产品本身也可以做活动，并且不受季节的影响。从产品本身做活动需要策划人员对产品有足够的了解，能够抓住用户最感兴趣的点，进行引导和组织。

滴滴租车本身是一款租车软件产品，为了让用户租车方便，滴滴租车策划了免费送车上门、分享红包等活动。用户通过软件进行租车后，滴滴租车将免费把车送到用户的手中，用户用完车后，还可以分享红包给身边的朋友领取租车优惠券。这就是利用产品本身做策划。

这类似于一个专题。很多网络游戏就经常采用这种方法，比如战场活动、开服优惠活动；还有很多电商常用的“奶爸节”“空调节”“电视节”等。

3. 各种大事件

很多人对于各种大事件的关注都很高，如“高考”“双十一”“双十二”“世界杯”“奥运会”等。我们可以利用这样的大事件作为策划活动的理由，让用户自然而然地参与到活动中来。

滴滴租车在2016年高考期间，策划了通过滴滴租车软件注册账号领取租车红包活动，方便考生出行，这个活动深得很多家长和考生的心，赢得了大量用户的关注。

当然，做活动策划的理由还有很多，上述三点是最为常见的，产品运营者可以根据具体情况自行选择。

活动元素：简单透明，保障用户收益

一场活动的核心在于满足用户的需求。每场活动都是用户参与、认知、分享的过程。

要想活动成功，活动策划就得有足够的吸引力。在互联网时代，用户的注意力是分散的，如果产品没有存在感、没有情怀，很有可能就被用户遗忘。

做活动是刷存在感的方式。当然，并不是随便做场活动就能让用户记住产品，要让活动有特色，没有特色的活动等于烧钱。

下面我们以《开心消消乐》周末活动为例来看一下有特色的活动是什么样的。《开心消消乐》周末活动页面如图 5 -4。

周末是个在家放空自我的好日子，也是小村民们玩消消乐冲关滴日子，所以村长特拿出 10 万个兑换码免费送给大家哦。

图5－4　《开心消消乐》周末活动页面

答对以下3个题目即可获得哦，限量10万个，先到先得。

注意啦

将以上题目的答案直接发送到微信后台，只发数字即可！例：123兑换码只有前10万名正确回复答案的小村民才可以获得哦，晚了的话是无法成功兑换的。

《开心消消乐》周末活动以游戏的方式吸引用户参与，让用户在玩的同时还能获得奖励。该活动推出后，吸引了很多“小村民”参与，不到半天时间，10万个兑换码陆续被“小村民”领光。

从《开心消消乐》周末活动中，可以看出一场有特色的活动具备的元素。

1. 活动规则设置要简单

活动的目的就是让用户玩，在玩的过程中达到产品运营的目的。在轻量原则下，活动规则的设置不宜太复杂，越复杂的规则用户越不耐烦。

尽量不要让用户产生太多思考。产品活动策划者需要抱着让用户迫不及待想要参与到活动中的想法，这才是活动能够成为“爆款”的前提条件。

《开心消消乐》的周末活动为什么这么火？其中重要的原因是用户参与门槛很低，玩法既简单又有趣。“小村民”进入活动页面参与答题后，将答案直接发送到微信后台就能获得兑换码。“小村民”获得兑换码后可以在游戏中兑换道具、金币等。玩法很直接，很容易让“小村民”接受。

从用户看到活动后到操作环节结束，设置太多步骤的话，每一步都会有折损。因此，首先活动操作步骤要少，其次，避免让用户在非活动流程页面中跳来跳去，这样会让用户会找不到来时的路，特别是对 APP 产品来说。

除了规则设置要简单外，其规则的表述方式也须简洁。完整的活动规则需要花费很多文字来说明，其中包括操作方法、时间、奖品列表、附加条件、评奖办法、注意事项等。这些对与用户来说太烦琐，其实用户只需要了解最关键的规则就可参与，其他都不重要。

所以，在活动页面表述规则时，核心规则要放在页面上方最显著的位置，具体的规则和免责条款应放在页面底部。

2. 活动要“透明”

用户是否获得了奖励，用户如何获得活动设置的奖励，用户最终凭借什么样的条件获得奖励——整个流程须公开、透明，让用户可查可证。这样做，不仅能使产品活动策划者与用户之间更好地沟通，还能极大降低后续投诉问题。

《开心消消乐》周末活动的文案就十分透明，用户能够清楚地知道活动时间、活动规则、注意事项、如何获取奖励、如何兑换奖励等，整个流程是公开的。

在很多的社交网络中，获利冲动的利用十分普遍，因此催生了“刷奖党”，很多冲着利益而来的用户会对此纠缠不清。针对这种情况，活动透明就显得十分重要。

3. 兑换要细微、及时

用户在活动中获利后，产品活动运营者要及时给用户兑现，就像在社交网络中的用户互动激励一样。兑现要细微、及时。奖品并不一定要很贵重，可以是一些简单的物品（小型毛绒玩具、卡通杯等）。

《开心消消乐》的“小村民”参与活动后可以获得兑换码，“小村民”可以用获得的兑换码在 APP 中兑换相应的礼品，如游戏金砖、通关道具等，这些礼品对用户游戏通关有很大的帮助。所以，“小村民”很愿意参与活动。

设置活动页面时要把用户的收益放在最明显的位置，因为受众是用户，这样做十分符合用户的利己心理。我们可以看到很多的活动页面都把奖品放到头图里，比如物质类的红包、礼盒，精神类的等级、头衔、特权等，方便用户兑换。这也是一场有特色的活动须具备的元素。

活动原则：科学执行，借势而为

有效的活动策划不仅能够提高品牌的知名度、忠诚度、认知度、美誉度、顾客满意度，还能提升品牌形象，从不同程度上促进产品销售。

通常，活动策划有其自身的规律，活动策划实践中需要把握其客观规律，并依据一定的法则来进行。那么，设计活动策划应遵循哪些原则呢？“农夫山泉”的活动文案给我们作出了示范。农夫山泉活动页面见图 5 - 5。

图 5－5　农夫山泉 2017 年新春活动页面

倒计时开启！今日 14 点起，十万套金鸡典藏版高端水等你来抢！

除夕来啦！

which means：

农夫山泉的“金鸡送水”

马上就要开启第二波新春活动啦!!

就算没有集齐五福也没关系！

精美如收藏品一般的金鸡典藏版高端水

整整十！万！套！在等着它们的主人来认领哦～

这一波“金鸡送水”要如何参与呢？

下方二维码就是活动入口，

扫描识别后直达活动页，

赶紧妥妥收藏定好闹钟噢！

也可以直接点击活动链接

http：//nfsq. ne. cagoe. com

就能进入活动页面了！

除夕档活动将在 1 月 27 日 14：00 正式开始，

一直到当天 20：00 的每一个整点，

（敲黑板）注意是每！个！整！点！

到大年初一 1 月 28 日

当天的 10 点、12 点、18 点，

同样有秒杀机会

之前没有中奖的小伙伴都可以参与哦！

这两天中，我们一共会送出十万套金鸡水奖品。

以上是农夫山泉 2017 年新春活动文案，结合该文案来具体分析一下设计活动策划应遵循哪些原则。

1. 可行性原则

可行性原则，又称可执行原则。指的是活动策划方案可以实施并能取得很好的效果，这是活动策划的综合要求。因为，唯有具备可操作性的活动策划才是可行、有意义的，才会被用户采纳，否则，只不过是水中月。

农夫山泉 2017 年新春活动策划很好地遵循了这一原则。利用节假日为理由策划活动，让更多用户在节假日可以有充足时间抢购，同时该活动也符合了节假日的氛围，使活动方案可以有效地实施并达到很好的宣传、促销效果。

活动方案提出前需要进行可行性分析，分析的原则建立在科学实践、市场调查的基础上，仅凭感觉去做是不正确的。

如图5－6，在进行可行性分析时可以从三个方面入手：一是利害性分析。可以针对活动策划方案给用户带来的效果、风险、利益进行分析，全面掌握活动对用户的影响。二是经济性分析。分析活动策划实施过程中的成本与效益，掌握整场活动的投入和产出。三是科学性分析。分析活动策划方案整体性是否统一，各环节是否具有可行性。

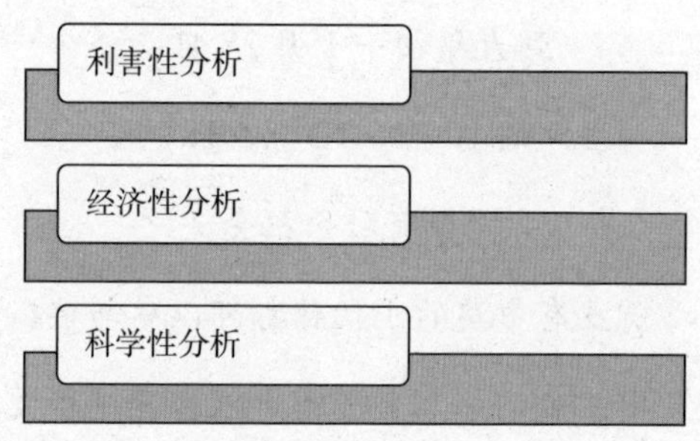

图5－6　可行性分析的三大方面

2. 借势原则

所谓借势，指的是借用别人的优势为自己所用。优秀的活动策划者须懂得“巧借东风，为我所用”。

借势可以分为借优势、借形势、借大势等，其最大的特点就是借助别人，站在巨人的肩上做事。农夫山泉在2008年北京申办奥运会的过程中就借势策划了活动——“卖水捐奥运，借势又扬名”“力量再小也是一种支持。从此刻起，只要买一瓶农夫山泉，就能够为申奥捐一分钱”。

农夫山泉倡导“聚沙成塔”的理念，让用户分不清它打的是公益广告还是商业广告。农夫山泉代表用户群体的利益，支持北京申奥，以企业的行为带动社会的行为，以个体的力量拉动整体的力量。这种新颖的方式，广泛引起社会关注。

“买农夫山泉，为申奥捐钱”的活动开展后，“农夫山泉奥运装”半年时间在全国的销量达到5亿多瓶，与上年相比翻一番。“一分钱”做出大文章，农夫山泉代表用户为北京申奥贡献500多万元。借用户的钱却能够使用户心甘情愿掏钱，不得不说，此举实在了得。

3. 双赢原则

双赢指的是人与人之间、组织与组织之间、企业与企业之间，在合作时能够使双方受益。活动策划的双赢原理是指活动不是一方受益，而是多方受益。

首先，活动策划的对象（企业、活动运营者）受益。企业或活动运营者通过策划活动，为产品运营提供切实的、可实施的活动方案。好的活动策划方案，能够使产品运营锦上添花。农夫山泉的2017年新春活动就很好地把握了双赢原则。其活动策划的对象——农夫山泉公司，通过策划活动提高了品牌的知名度、美誉度、用户满意度，达到促销的目的。

其次，活动策划的本身要受益。从某种意义上来说，策划是一种创新。创新要有成果，活动策划者要有收获感。从心理角度讲，活动策划成功是心理需求，会为策划者带来认知需求。当活动策划案呈现出来，或是策划完成之后，会让人有一种“问世”的感觉，这种群体的认识需求，是活动策划者的基本需求。

活动内容：主题要明确，规则描述要有趣

很多刚接触策划行业的朋友都会遇到这样的问题：活动策划方案很难达到预期的效果，或是在拿到文案需求后不知从何下手。甚至一些从事了多年策划工作的活动运营者，看了许多大师的作品，聆听了许多大咖分享，有时候也会一提笔脑袋空空如也，不知该如何下手。

作为活动运营者，首先需要明白一点：活动策划的需求是什么。对用户而言，他们想要知道的是这个方案与什么有关，他们能从中获取什么信息。对于公司而言，需要事先明确所要求的方案是思想型的还是执行型的。

那么，标准的活动策划包含了哪些内容呢？下面我们看一下小米之家周年庆活动的文案。小米之家周年庆活动宣传广告见图 5 – 7。

图 5－7　小米之家周年庆活动宣传广告

3 月 18 日我过生日，送你想要的产品!

致米粉：

春水初生，春林渐盛，

小米之家北京五彩城店迎来了一周岁的生辰庆典。

怀念，一年来每一个进店的顾客，

怀念，每一个与我们分享喜悦时刻的你，

怀念，每一个平凡却深刻的米粉故事，

怀念，每一个和小米有关的感动。

小米之家北京五彩城店一周年店庆，

感恩回馈每一个有你的清晨黄昏。

——小米之家北京五彩城店

限时特惠

3/18—3/31

承载小米松果澎湃 S1 芯片的小米手机 5c 现货开卖。

＊另有小米 MIX、小米 Note 2、红米 Note 4X、红米 4X 等新品爆品手机现货开卖。

购买小米 5s、5s Plus 每天限量赠送周年庆纪念版 5000mAh 移动电源。

＊购买小米电视 3s 55 英寸、60 英寸、65 英寸返券 50 元，再送小米电视会员卡。

＊购买小米手机 5 返券 50 元。

小米笔记本 12.5 英寸直降 50 元。

＊米家扫地机器人直降 50 元。

＊米家压力 IH 电饭煲直降 50 元。

＊九号平衡车 + AMAZFIT 运动手表直降 50 元。

小米空气净化器 2 + 普通版或甲醛版滤芯，立减 30 元。

小米净水器厨下式 直降 100 元。

＊小米笔记本 13.3 英寸直降 100 元。

下单用户立赠限量尊享小米 VIP 勋章。

惊喜活动

周年庆活动期间可参与店内活动进行抽奖，内含红米 4X、小米移动电源及多种代金券。

抽奖方式：

集印章（小米之家周年庆活动集印章页面见图 5－8）。

活动时间：2017 年 3 月 18 日—3 月 31 日

活动门店：小米之家北京五彩城店

地址：北京市海淀区清河中街 68 号华润五彩城购物中心 B1

图 5－8　小米之家周年庆活动集印章页面

以上是小米之家北京五彩城店一周年的店庆活动策划文案。我们很容易发现，活动的目的是感谢用户对小米之家的支持，进行店庆促销。

接下来我们通过解剖这个活动来分析标准的活动策划包含了哪些主要内容。

1. 活动的主题

活动必须要有一个明确的主题。活动主题明确以后，在给活动做宣传的时候就有着力点，用户也能在第一时间对活动建立初步印象。

小米之家周年庆活动的主题是"3 月 18 日我过生日，送你想要的产品"，主题十分明确。用户看到这个主题后，首先会想到店庆促销，商品打折有优惠，有许多的抽奖活动等，用户会自觉地关注活动的相关内容，这样就成功地吸引到了用户的关注。

再比如，2016 年春运期间，滴滴出行推出“滴滴春运回家”活动，其鲜明的活动主题“打开车门，就是家门”十分契合外部大环境，主题十分明确，能够引起用户的情感共鸣，成功地让用户了解到滴滴出行的产品（滴滴顺风车），并满足体验需求。

标准的活动策划必须要有一个明确的主题，这是前提，是首要的标准，也是必要的元素。

2. 活动的时间

标准的活动策划除了要有明确的主题外，还需要确定活动的时间，包括活动开始的时间、活动结束的时间、奖励发放的时间和奖励领取的时间。

如果没有确定的时间，用户就不知道活动什么时候开始、什么时间结束，用户即使想参与到活动中去，却找不到活动的入口，这样的活动就等于是在烧钱。

活动时间安排也有一定的讲究，很多传统的活动一般会选择在店庆日、大的节日举行。例如，小米之家北京五彩城店就利用了 3 月 18 日小米周年店庆日，其活动的具体时间是 2017 年 3 月 18 日至 3 月 31 日。用户在看到活动文案时，就可以有针对性地按时参与活动，领取奖励。

在这里提醒一点，时间的确定须契合主题。有时，不同的时间点其活动的效果差距很大，如 6 月 18 日——用户会想到“京东 618 品质狂欢节”，11 月 11 日——用户会想到淘宝的“双十一”活动。

3. 活动规则描述

标准的活动策划还要有规则描述。活动规则描述，也就是我们常说的设置活动规则，它是活动策划的一部分，也是活动策划的关键所在。

规则描述要简单、有趣，要让用户一眼就能明白。小米之家北京五彩城店周年庆的活动规则描述就很简单、很有趣。第一步，用户领取“门卡”体验4个区域（智能厨房、未来客厅、出行空间、办公据点）的产品；第二步，用户集齐4个区域的印章（4个米兔章）；第三步，用户集齐印章后前往B1小米之家店铺进行抽奖活动。规则描述一目了然。

掌握了以上三点，你离成为能够策划一场标准活动的活动策划者就不远了。

活动文案：文字要走心，框架要清晰

活动文案是产品运营活动策划中非常重要的一环。策划、设计优秀文案是必要的执行工作。好文案可以给产品活动带来很多好处：可以预热产品，可以让用户加深印象等。

通常情况下，产品活动策划要有一个主题，这个主题除了在活动过程中体现，往往也频繁出现在活动文案中。如此，活动文案必须要做到让用户想看，用户如果不爱看，那么产品运营者或者活动策划者再怎么“自嗨”也无济于事。

下面我们以享选的活动文案为例（见图5－9），看一下用户想看的文案是什么样子的，并分析如何才能使活动文案让用户想看。

享选的主旨（品牌理念）是“不一般的选择，一般般的价格”，经营方式严格，规定只有手艺传承人或品牌制造商方可入驻享选平台。面世之

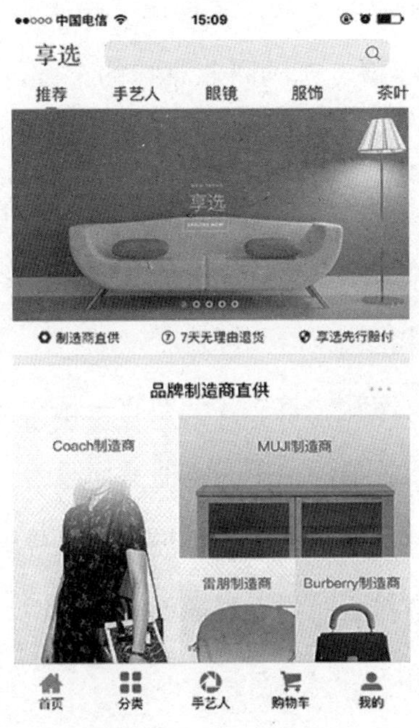

图 5-9　享选首页

后，企业飞速发展，迅速成为广大网民、文艺青年的新宠。为什么这样一家新电商会如此火爆呢？答案当然是离不开产品运营。在产品运营中，手艺人是其产品的一大亮点，汇聚众多手艺人于平台，结合对手艺人的宣传策划，例如“链接万物源头，为您瞬时互动”等优美文案，让手艺人成为了享选平台的灵魂。

我们结合享选对手艺人的宣传，分析一下什么样的活动文案是用户想看的。

1. 干净美好的文案最容易映入眼帘

无论什么样的活动文案，目的只有一个，那就是让用户看到，并且看进心里，进而吸引用户对产品或者品牌感兴趣。事实上，仅这一点，很多企业都没有做到，大多数的活动文案都在“自嗨”，以为用户会喜欢，其实不然。那些浮夸、浮躁、充满商业意味的文案，用户根本连看都不想看。活动策划者切记：人是视觉动物，抓住了人的眼球，才进得了人心。

像享选这样干净、美好的文案是最容易映入眼帘的。享选的所有手艺人文案，每一段每一篇文字，都好像一段故事。文艺风突出，却丝毫不造作，干净又美好，整体把握得恰到好处。

如何塑造这样的文案呢？首先我们要有一颗文艺心。其次，文笔要干净简练，不能拖泥带水。最后，用词要唯美且通俗，不可古怪造作。建议活动策划者多去一些文艺网站、微博等热门社区寻求灵感，探求年轻用户的喜好。此外，文案在排版布局上也需要清新独特，干净利落，这样的风格才会让人感到舒心。

2. 结合产品融入情感

再美好的文案都应该建立在产品运营的基础上，活动文案脱离不了产品。不与产品结合的活动文案，用户看了尽管内心感动，却无法将他的购买力延伸到产品上。好的文案还需要结合产品，并且融入情感，如此才能真正走入用户内心。就像享选平台的手艺人文案，都对应着享选平台中的相关产品。

我们在策划文案时，必须充分结合产品来做文案，如果文字不多，可以选择用图片刻画出产品。

3. 文案框架要清晰

活动文案的厉害之处在于用简短的文字或真实的故事，实现产品运营的目的。这个目的可能是促销、新品上市、特价等，所以，思路清晰很重要。

首先，设计好标题。标题设计得不好，用户就无法直接看到活动的主题，从而降低浏览和观看的兴趣。好标题除了可以吸引用户参与之外，还能让人一眼看出活动的基本轮廓。所以设计一个好标题是非常必要的。享选在这方面做得很好，为每一个手艺人制定的文案主题都很明显，而且是以“在享受中选”的模式，更突出了享选的主旨，强化了品牌和产品概念。

其次，设计好宣传图。宣传图是活动策划必不可缺少的一个环节，尤其是移动互联网背景下的活动文案。好的宣传图，可以在很大程度上吸引用户观看文案，走入产品运营圈。

最后，呈现好活动背景。有些活动文案会在开头用华丽的句子说明活动背景，这其实是没必要的。享选就没有采取这种方式，而是用真实的故事直接体现出产品的文化、品质和背景。当然，并不是所有的活动文案都要学习享选这种含蓄的方式，也可以用简洁的语言来表达和描述活动背景，让用户快速进入产品营销活动中。

活动推广：微信微博造势，炒热活动气氛

活动推广，是指企业整合自身资源，通过有创意的活动或者事件使产品运营活动成为广大群众关心的话题，从而吸引媒体报道以及吸引用户参与到活动中去，达到提升产品形象、促进产品销售的目的。

完整的活动推广，主要包括资源整合、传播路径规划、活动设计、数据监测四个重要部分。在传播路径的规划中，首先，要尽可能地了解活动推广的方式，换句话说就是了解活动推广的渠道。

适合推广的渠道才是最有效的。活动创意再好，如果没有强大的推广渠道来做支撑，一切都免谈。

活动运营推广的方式到底有哪些呢？下面我们先来看一下美团外卖“517 吃货节”活动推广。美团外卖“517 吃货节”活动推广宣传页面见图 5 – 10。

图 5-10　美团外卖“517 吃货节”活动推广宣传页面

省钱秘笈，吃得越多越省钱

来，跟我一起念一遍：

517，我——要——吃——

没错，

一年一度的吃货节就要来了！

吃货们的脑电波，

美团外卖都收到啦！

比如，张太太的宣言：

不吃饱怎么有力气尬舞？

吃完一碗再来一碗、碗碗吃到空，
才能让浑身充满电流，
左一个下腰、右一个太空漫步，
隔壁什么老李太太，统统放倒！
放心，你们的心声，
美团外卖完全GET！
5月16日到18日，
全场大额满减，优惠低至五折！
羊排、焖面、小龙虾、薯条、芝士蛋糕……
让你随意吃到撑，
吃到浑身发光，吃到充满力量！
扫扫下面二维码，
美团外卖还有吉祥吃货红包相送，
5.17送给爱吃的你~

活动规则

1. 活动时间：5.16－5.18；

2. 满减可使用美团外卖红包；

3. 折扣菜品仅限美团外卖、美团及大众点评客户端下单且选择在线支付的订单享受。

以上是美团外卖2017年推出的“517吃货节”活动推广文案。这篇活动推广文案在微信公众号阅读量超过了10万。

另外，美团外卖“517吃货节”的活动推广文案不仅在微信公众号发布，也在其他平台发布。接下来，结合美团外卖“517吃货节”活动推广文案，具体分析一下活动推广的方式有哪些。

1. 官方微信公众号推广

微信营销的便利性使很多企业都开通了微信公众号，企业可以在这个平台上推送一些有关企业、产品的信息。

企业在给产品做活动推广时，也可以通过这个平台推送一些活动预热宣传图文——前提是这些图文有趣、生动，用真心实意的口吻给用户介绍活动的内容，让用户知道这次活动为什么值得参加。图文如果很有创意，还能使用户自发分享。

美团外卖“517 吃货节”活动推广就使用了微信公众号，文案结合图片宣传，十分有趣。美团外卖“517 吃货节”在微信公众号的宣传页面见图 5 – 11。

图 5 – 11　美团外卖“517 吃货节”在微信公众号的宣传页面

再比如，京东“618”活动提前一个月在其微信订阅号宣传，从 5 月 17 日开始“轰炸”关于京东“618”活动的信息；天猫在奥运会开幕期间宣传天猫超级运动会。

有些企业还在微信端打通购物流程，这也有助于活动推广能够快速地实现转化。

2. 官方微博推广

微博推广基于微博海量的用户，能够把信息广泛地传递给潜在用户。

企业在给产品做活动推广时，可以利用微博首页，在首页放两张活动 banner（横幅、标语）图，用户可以点击图片或链接转到活动专题页面或者产品页面。企业还可以通过官方微博发起活动的相关话题，炒热活动的气氛，让网友自带话题转发微博。

美团外卖“517 吃货节”活动推广除了利用微信公众号，也利用了其官方微博，美团外卖官方微博宣传推广“517 吃货节”见图 5 - 12。用户可以点击网页链接跳转到活动的专题页参与活动，抢“517 吃货红包”，还可在下方对此次活动进行评论和转发。

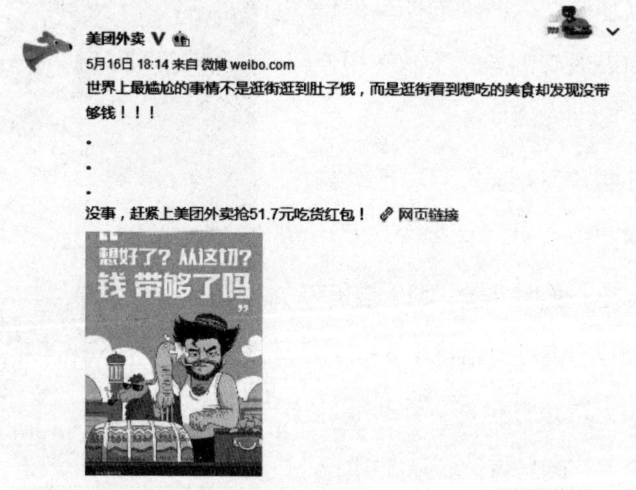

图 5 - 12　美团外卖官方微博宣传推广“517 吃货节”

随着互联网的普及，微信公众号和微博推广已成为很多企业产品活动推广的专用渠道，这也是广大用户最容易接受的两种活动推广方式。

活动执行方案：线上互动推广，线下品牌维护

策划一个活动，从创意到执行，其间产品运营者需要和不同部门沟通、接触。要想活动朝着所希望的方向发展，就必须主动表达、主动沟通。

通常，活动的思路主要分为两大块：创意方案与执行方案。两者之间既有联系又有很大区别。执行方案建立在创意方案的基础上，创意方案往往只需要表达出活动的基本想法和思路，而执行方案则需要详细展示活动细节。活动执行方案非常考验产品运营者的功底。活动主要分为线上活动和线下活动。下面我们通过 OPPO R9 拍照手机活动推广的案例，简单谈谈什么样的活动执行方案是最佳的。OPPO R9 预约活动宣传广告见图 5－13。

OPPO R9 是广东欧珀移动通信有限公司在 2016 年 3 月 17 日正式发布的一款年度旗舰手机，获得代表 2016 年中国手机设计和应用创新的最高

图5－13 OPPO R9 预约活动宣传广告

奖——天鹅奖。在活动策划中，OPPO 不放过线上线下的任何机会。线上，OPPO R9 在官网、天猫、京东、苏宁易购等官方旗舰店的预约页面于 3 月 17 日早上 10 点全部上线。为了提高产品知名度，达到销售的目的，OPPO R9 在 3 月 11 日至 3 月 17 日还策划了线上预约活动，用户参加预约活动可以获得一次免费抽取 OPPO R9 的机会，预约成功后分享给好友还可再获 3 次抽奖机会，奖品主要包括移动电源、大疆无人机记事本、kindle 和 OPPO R9 手机等。

此外，OPPO R9 发布后，还通过明星代言、节目赞助等一系列线上活动推广，成功打响品牌，深受广大用户欢迎、喜爱，销量十分乐观。

线下，OPPO 在实体店推出新款 OPPO R9 手机的线下体验活动，专门设立手机高手帮助用户亲自体验自拍、通话等。OPPO R9 还在线下推出抽奖活动，用户在线下购买手机可获得充电宝、自拍杆等赠品。此外，OPPO R9 还特别让店员在门外竖起“充电 5 分钟，通话 2 小时”的“人肉杆”，吸引线下用户的眼球。

OPPO R9 之所以能深入人心，与活动推广有很大的关系。活动想要有效推广，就离不开好的执行方案。那么，什么样的活动执行方案是最佳的呢？我们来具体分析一下。

1. 最佳的线上活动执行方案

线上活动：是指在互联网上发起，绝大部分在互联网上进行的活动。包括在互联网上发布活动的信息，招募参与人员。其优势在于与用户零距离接触，化被动为主动。

完整的线上活动策划需要有有效的执行方案，才能让活动效果最大化。如图5－14，有效的线上活动执行方案包括以下几个内容。

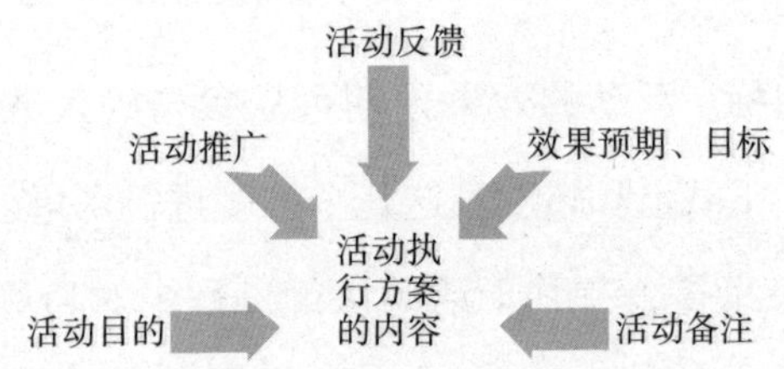

图5－14 有效的线上活动执行方案包括的内容

活动目的。首先要明确活动的目的（如提升品牌的形象、提高产品销量、增加下载量、平台活跃度等），有目的才有方向。例如，OPPO R9线上活动的目的就是提高产品销量，提升品牌形象。

活动推广。活动的前期需要预热，进行前期引导。线上活动推广大体分为两种；站内推广与站外推广。活动执行方案中要标明活动推广的渠道，如微信公众号、官方微博等。

例如，OPPO R9在发布期间，就利用了官方微博来进行活动推广。OPPO R9官方微博发布活动广告见图5－15。

活动反馈。活动完成后提醒用户，并提出鼓励。对参与活动的获奖用户进行公示，礼品取走多少份、还剩多少份，都需要实时反馈。

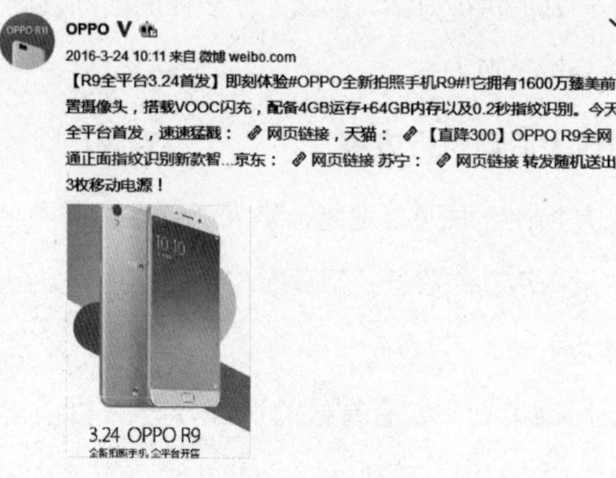

图 5－15　OPPO R9 官方微博发布活动广告

效果预期、目标。活动的效果预期可从参与的人数、PV（访问量）、UV（独立访问）、下载量和转发量这几个维度进行考虑。目标可以按照活动的过程进行分段设置，有利于活动执行过程中对目标的差异进行适当调整。

活动备注。活动备注是活动执行方案的关键，备注要细，要考虑活动执行的各个方面，可以从活动的流程、规则和奖项的设置等方面进行备注。

2. 最佳的线下活动执行方案

常见的线下活动有实体店销售、社交活动等。

有效的线下活动执行方案，应结合活动设定的流程，把执行中的各项工作具体分配到个人，保证每个人都清楚自己应该做什么工作。

如图 5－16，线下活动执行方案主要包括以下几点。

活动目的。在执行方案中，须简单描述活动，并说明此次活动的目的。

活动时间、地点。工作人员要在活动正式开始前 1～2 个小时到达现

图 5－16　线下活动执行方案包括的内容

场，熟悉场地并准备各自所负责的物料和奖品，特别是负责签到工作人员，须提前赶到并聚拢活动用户。切记不要让用户感到无人接待，要方便用户找签到负责人签到并参与活动。

活动流程。活动流程需根据活动的环节来安排。活动的流程很复杂，需要用到的资源、牵涉的人员很多，因此活动策划需要细致。以 OPPO R9 实体店销售活动为例，工作人员需要熟悉基本活动流程，并根据实际有效增删。OPPO R9 实体店销售活动见图 5－17。

图 5－17　OPPO R9 线下活动

通常情况下，活动环节的设计在活动方案确定后就已经基本成型了，在执行中需要做的是明确各环节的规则。需要注意的是，应该以用户体验为核心设计适合用户的活动内容。

礼品清单。需注明活动所需要用到的礼品种类、数量，备注各礼品在活动执行当中在哪个环节、什么地方出现，并交给各自的负责人。如果礼品种类相对较多，就需要做一张表格交给各项礼品的负责人。

活动的应急预案。一般情况下，线下活动主要体现的是品牌和服务质量。直接与用户接触，面对现场突发情况，活动负责人需要及时有效处理。如果处理不好，就很可能直接失去用户，影响品牌形象。

因此，在活动执行方案中，要考虑突发情况，做好应急预案，在活动开始之前通知可能会出现问题环节的负责人，活动进行中如果发现问题就要及时启动应急预案。

线下活动与线上活动执行方案具有共同点，就是都需要明确活动的目的。掌握这些，活动策划执行方案才是最佳的。

活动赢利方法：抢先出手，多送福利

活动运营既是一门艺术，也是一门技术。很多企业或产品活动运营者做活动时，都是以赢利为主，品牌宣传为辅，其目的是为了提高产品销量，给企业带来收益。

一切不以赢利为目的的活动都是瞎忙活。那么，辛辛苦苦策划的一场活动，如何才能让它实现盈利最大化呢？滴滴出行在2017 年母亲节做的活动文案就非常到位。滴滴出行 2017 年母亲节活动推广页面见图5－18、图5－19。

母亲节福利，给我的女侠妈妈一份大礼

今儿和同事聊天聊到家里的趣事，挺容易就想起来我妈了。小编我是一个文静内向的人，可我老妈是个女侠。

从年轻的时候在菜市场骑着自行车追小偷开始，

就显示出了自己的非凡气魄。

母亲节，送妈妈暖心出行礼物

只需三步，即可开通

步骤1 打开滴滴APP找到敬老服务

点击左上角小图标，进入个人中心，按如下提示

进入敬老服务界面老人打车

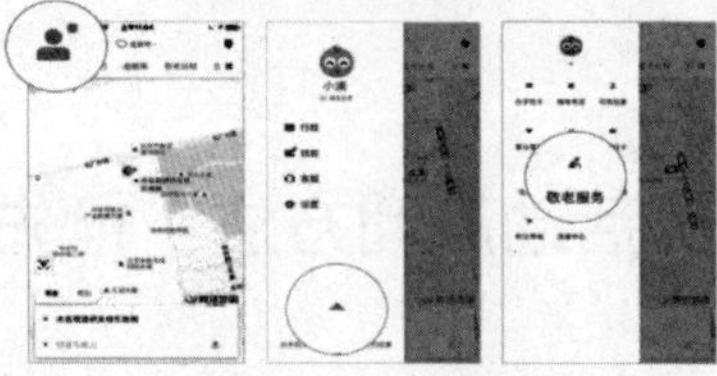

图5－18　滴滴出行2017年母亲节活动宣传推广页面1

后来在学校帮我打抱不平，

在我差点被小混混打的时候，

用她的大嗓门声援我。

再后来当街联手出租车司机，

与疑似碰瓷者斡旋了三百回合。

可是岁月不饶人，

现在她也就只能做点搀扶邻居奶奶上下楼这样的琐事了。

而且小编最近愈加发现，

老妈确实是年纪大了。

就算曾经多么飞扬跋扈，

仙女也不得不下凡当老太太了，

然而出行慢慢变成了大问题。

步骤2 填写爸妈基本出行信息

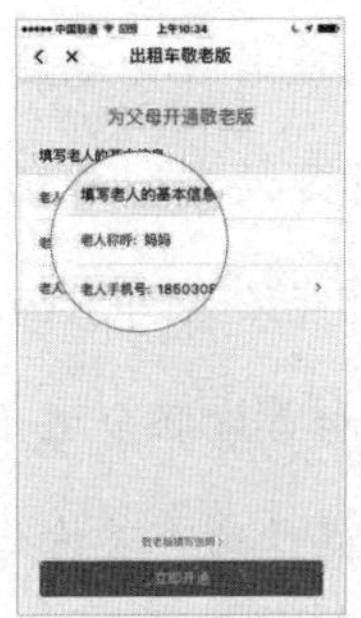

第三步 为爸妈开通亲情付，并设置每月额度

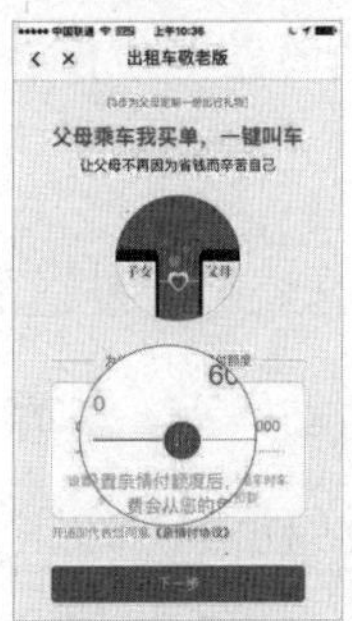

完成设置，快把这份礼物送给妈妈吧！

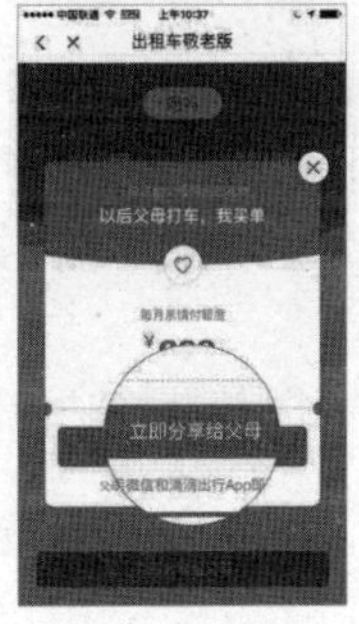

滴滴出租车

图 5－19 滴滴出行 2017 年母亲节活动推广页面 2

各位大伙伴小伙伴们：

母亲节到了，

也是给妈妈送礼物的时候了！

滴滴出租车的敬老版就是最贴心的礼物，

不管你是没车还是在出差，

随时随地，都能给妈叫一辆滴滴出租车！

点击领取滴滴和善诊联合送出的出行红包，

还有机会获得母亲节善诊体检福利哦。

点击【写留言】聊起父母，你所想起的往事是什么？

5 元出租车券和 1 份价值 235 元的孝心体检券送给打动小编的 20 个小伙伴！

这是滴滴出行在官方微信公众号中推送的母亲节活动文案，阅读量超过了 10 万次，不少用户评论活动真实、可靠。我们可以想象一下有多少用户切身体验了此次活动，此次活动为滴滴出行带来的收益有多大。

通过这个案例，我们来了解一下活动盈利最大化的方法。

1. 抢先出手

要想让活动盈利最大化，抢先出手占据有利地位是关键。

无论活动的形式如何，通常只有第一个开展此类活动的品牌能够获得更大的效益。因此，抢先出手可以确保掌握市场竞争的主动权，确保产品在市场竞争中处于有利地位，让活动盈利最大化。

滴滴出行的 2017 年母亲节活动文案早在母亲节前一周就在微信公众号、官方微博推出，让用户提前参与活动体验产品，成功掌握了市场竞争的主动权。

2. 产品活动化

策划活动要结合产品本身，不能脱离产品。产品活动化是指活动的立意必须从产品的角度出发，让用户在参与活动的过程中接近体验产品，对产品产生兴趣，从而转化成销量。

在这里，我们总结出两种常见的产品活动化方式：第一种是代金券、红包；第二种是写评论、留言送奖品。见图5－20。

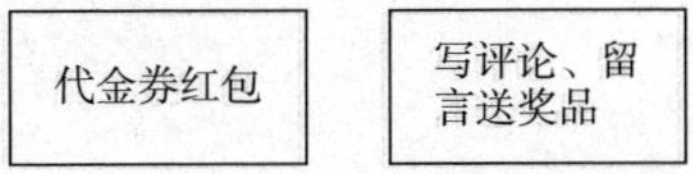

代金券红包	写评论、留言送奖品

图5－20　产品活动化的两种方式

（1）代金券、红包。

从产品自身角度来说，代金券使用出口必须是产品。用户只有通过体验产品才能消费优惠券、代金券，这很大程度上限制了用户的使用范围。因此，只要产品“给力”，用户就可能对产品产生极大的好感，并且留存下来，有的甚至会在下一拨优惠活动来临前，主动分享给身边的朋友。

从用户角度来说，使用代金券可以直接和利益挂钩。利益因素对用户一般比较受用。用户愿意花时间和精力去参与活动、领取代金券甚至消费代金券，这充分说明其是目标用户。通常，一个目标用户的价值胜过十个沉默用户。

滴滴出行的2017年母亲节活动就采用了这种方式。用户参与活动领取代金券，在打车时使用代金券可以减免一部分打车费用，减少一部分金钱交易，既方便又实用。如此一来，用户通过参与活动和产品建立连接，从想要奖品变成了既想要奖品又使用产品的真实活跃用户。滴滴出行通过产品活动化留住了用户。

（2）写评论、留言送奖品。

微信、微博里可以看到很多写评论、留言送奖品的活动。当然，普通的留言、评论意义其实很小，那些针对产品功能等的评论、留言和点赞效果才会明显。

产品运营者要清楚，策划活动的目的不论是促活、留存还是拉新，其最终目的无外乎是转化。因此，利用这种方式存留用户并促成转化，是一个不错的选择。

第六章

品牌运营：战略决策向价值理念过渡

在互联网企业中流传这样一句话：“不想做品牌的运营不是好运营。”做运营的目的不仅是为了用户，也不仅是为了收益，更大程度上是为了做品牌。产品运营者的高超本领在于将一个名不见经传的产品做成一个知名品牌。

品牌运营战从树立“三观”打响

品牌是产品品质优异的核心体现，是一种精神象征、识别标识、价值理念。培育、创造品牌的过程是一个不断创新的过程，只有自身有了创新的力量，才能在激烈的竞争中处于不败之地，从而拥有更强大的竞争优势。

品牌运营指的是企业品牌运营者利用品牌的无形资本，在打造强势品牌的基础上，有效发挥强势品牌的扩张功能，从而促进品牌经营，将品牌资产有形化，实现企业的长期成长与价值增长。

所谓品牌的“三观”，指的是品牌战略定位、品牌形象、品牌文化。

企业和品牌运营者要想打造强势品牌，首先就要树立品牌的“三观”。那么，如何树立品牌的“三观”呢？下面，我们通过享选成功的品牌运营案例具体分析一下。享选的品牌定位宣传见图6－1。

图 6－1　享选的品牌定位宣传

前文提到过，享选是一家大型 C2S（个人对供应链）电商平台，推出后不到两个月时间就在上海、郑州、西安、北京、杭州、天津、南京、成都等 30 多个城市拥有了合伙伙伴、代理商。

享选能够快速吸引众多合作伙伴，主要在于其品牌文化、平台共享经济模式和服务理念受到了众多用户、合作伙伴的赞赏。

享选通过 C2S 模式与大牌制造商、手艺人直连，去除了品牌溢价和中间环节，为用户甄选更高品质、更高性价比、更具有文化底蕴的优质产品，因而获得了用户的一致推崇，在众多的用户心中留下“好平台，自己会说话”的良好口碑。

享选站在共享经济的最高点，制定了一套完整的商业模式，不仅共享平台、共享工具，还共享平台利益，让用户、手艺人、品牌制造商、合伙人等各参与方都能找到自己的价值，获得效益。

刚开始艰苦研发产品，然后不断地寻找品牌制造商，奔波于全国各地拜访手艺人，一直以来享选初心不变，逐步从一个不被用户知晓的新平台上升为拥有众多粉丝用户、合作伙伴的“新品牌平台”。

享选能够成为互联网领域中新品牌的一员，离不开运营的功劳。

1. 品牌战略定位

战略定位是指具有攻击性的准市场定位。通俗来说，企业想要打开市场，首先需要一个核心定位——全局中心，这便是战略定位。战略定位是一个自上而下的过程。

战略定位的核心理念是遵循差异化，品牌只有被精准定位才能在竞争中脱颖而出，在用户心中留下深刻的印象，与其他品牌区分开来。

在这方面，享选就做得很好。享选的品牌战略定位是“产品由顶级源头直供”，享选虽是一个互联网电商平台，但它的核心定位不是像传统电商那样只提供产品售卖，而是既提供源头品牌产品又提供“接地气”的服务。在享选选购产品，用户能找到“安心的感觉”。

品牌战略定位分为三个步骤：第一步，要分析整个外部环境，确定竞争对手和对手的价值；第二步，利用竞争对手的弱点确立品牌的优势位置；第三步，寻找可靠证明；第四步，整合资源，将品牌植入用户心中。

2. 品牌形象

品牌形象指的是某个品牌在公众心中、市场上表现出的个性特征，体现公众特别是用户对品牌的评价、认知。

品牌形象和品牌不可分割，品牌形象是品牌的表现特征，能够反映品牌的实力和本质。品牌形象是一种无形资产，具有独特个性。

树立品牌形象最重要的因素是用户对品牌的联想，换句话说就是使用户一提到某些需求，就会想到某个品牌，使品牌形象和众多的事物联系起来，从而驱动形象的建立与发展。

树立独特品牌的形象，应结合用户的心理需求，可以从品牌的包装、功能、文化、服务等方面综合考虑。

3. 品牌文化

品牌文化指的是品牌在运营过程中需要形成的文化积淀，这代表着品牌自身的世界观、价值观。换句话说，就是把品牌人格化后，其所持有的主流观点。直白说就是能使用户在精神上产生共鸣、认同，持久信仰该品牌理念，形成强烈的品牌忠诚度。

企业通过品牌文化来加强品牌的竞争力，能够有效地承载企业的社会功能，满足用户物质之外的文化需求，实现促销的商业目的。

例如，享选"以文化传承为中心"的品牌文化，"手艺人"频道的建设，让用户了解产品（品牌）的制造、传承和发展故事，让购买更加安心和放心，光顾过享选的用户会成为回头客。这种情感型的品牌文化，是享选运营成功的重要原因之一。

创建品牌文化的步骤如下，首先，要整合品牌的文化资源（如企业名称、品牌商标）；其次，建立文化体系（从品牌的个性、文化价值、用户群体等因素考虑）；然后，创建文化管理体系（包括内部和外部文化管理）；最后，优化品牌文化。

瞄准用户兴趣点：细分品牌类别，各个击破

用户的兴趣从广义上来说，就是用户在什么地点、什么场景、什么时间会使用什么品牌。这里的“兴趣”并不仅仅是指用户的主观喜好，还包含了用户的被动需求（譬如，走路走累了想休息一会，那么，休息就是此刻的兴趣点）。找到了用户的兴趣点，品牌运营者可以将其放大，然后根据用户的兴趣点做品牌运营。

如何寻找引起用户感兴趣的点呢？微博的运营给品牌运营者们做出了示范，我们来具体看一下。微博页面见图6－2。

微博是由新浪网推出的，为用户提供微型博客服务的一个社交网站。用户可以通过网页、手机客户端、手机短信等发布消息或者上传图片。用户可以将自己日常中所看到、听到、想到的事写成一段话，或拍几张图片，利用电脑或手机随时随地分享给朋友并一起讨论。用户还可以在微博

图6－2 微博页面

关注朋友，即时看到朋友们发布的最新信息。

在微群的发言界面，用户参与群组可互相交流，还能同步发布至微博。

微群聚合了拥有相同爱好或相同标签的朋友，可以将所有有关的话题聚拢在“微群”里，方便让更多志趣相投的朋友以微博的形式参与、交流。在微群状态中，用户可以自行创建微群，或者选择自己喜欢、感兴趣的微群，还能为未加入微群的用户推荐热门微群。

微博 API（开放平台）覆盖了微博全部功能，用户可以通过 API 发微博、关注朋友、传照片、搜索等。微博全功能 API 开发应用、服务，用户可以在此使用到微博的全部功能，无须再去微博网站。并且，微博 API 支持 OAUTH 协议（为用户资源的授权提供了一个安全的、开放而又简易的标准），用户在使用微博 API 创建应用和服务时，无须担心账号、密码泄露等问题。

2016 年 11 月，微博面向全体用户取消了 140 字限制。2016 年 11 月 22

日，微博发布了2016年第三季度财务报表，微博的月活跃用户为2.97亿，其总营收高达11.8亿元。

微博之所以成为用户最喜爱的社交网站之一，是因为它能够把用户感兴趣的事物呈现给用户，满足了用户的个性需求，形成了一个社交品牌。另外，微博运营者下的功夫也是不可埋没的。

1. 分析用户行为，寻找切入点

对用户的行为进行分析是寻找用户兴趣点最有效的方法之一。比如用户搜索——在什么时间、什么平台上搜索，搜索的内容是什么，这是一个完整的事件，也是对用户行为的一个定义。

通常，有了这样的事件之后，我们就可以把用户的行为连起来观察。

譬如，用户首次进入微博网站，他就是一个新的用户，他可能会进行注册，那么，注册的行为就属于一个事件。他在注册时需要填写个人相关信息，之后，他可能会搜索很多东西，所有的这些都是用户行为事件。

只有对用户行为进行分析，才能为用户画像，了解用户在网站上浏览、点击、购买产品背后的真相，了解用户感兴趣的点，这些对做品牌有很大的帮助。对用户行为进行分析的主要方式是关注流失，特别是对转化要求较高的网站，希望用户流失率低。像很多O2O品牌，用户一开始有很多的补贴，一旦补贴停止了，用户就都走了，这样的品牌或者商业模式并不完美。

2. 建立用户兴趣模型

在对用户行为进行分析，了解了用户感兴趣的点后，我们还需要建立一个用户兴趣模型。用户在访问某个网站页面或者使用某产品时，所进行的操作很大程度上代表着他们的兴趣爱好。用户兴趣模型见图6－3，主要包括以下几点。

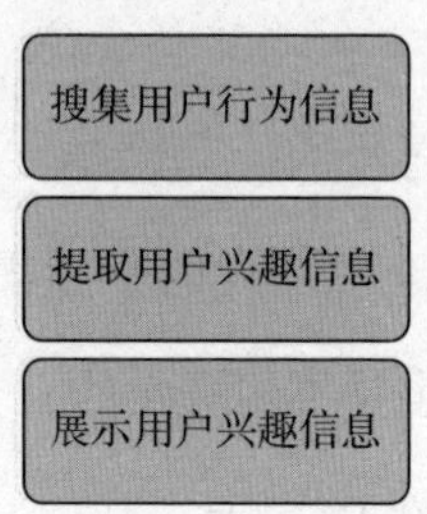

图6－3　用户兴趣模型

（1）搜集用户的行为信息。这是建立用户兴趣模型的前提，可以通过技术手段在后台全程记录，从这些操作行为中提取用户的行为信息。

（2）提取用户的兴趣信息。微博、微信，同样都是社交软件，但是，每个用户使用的目的是不一样的，有的为了发展潜在用户和机会，有的为了获取新闻、热点事件，有的为了加强联系。之所以会产生这些结果，主要是因为不同用户的兴趣点不同，导致用户行为也有所不同。所以，品牌运营者要能从用户的行为信息中，提取用户感兴趣的信息。建议可以从两个方面着手：用户访问的内容和浏览行为。

（3）展示用户的兴趣信息。品牌运营者根据用户的行为信息提取用户的兴趣信息后，要用恰当的方式对用户的兴趣信息进行描述，目的是为了让用户的兴趣信息更加直观。以主题展示为主，依据主题类别概念集合来展示用户的兴趣信息。

微博构建了一套相对完善的用户兴趣模型，挖掘出的个人兴趣数据已应用在十多项应用中。每个微博用户的兴趣描述都包含三个方面：用户兴趣标签、用户兴趣词和用户兴趣分类。

用户兴趣标签，主要是指通过微博用户社交关系，推导出用户可能感兴趣的语义标签；用户兴趣词，是指通过对用户发布的微博或转发的微博等内容属性来挖掘用户潜在的兴趣；用户兴趣分类，则是指在定义好的三级分类体系中，将用户的各种数据映射到分类体系中，比如某个用户可能对体育、娱乐、明星这几个类别有明显的兴趣。综上所述，用户兴趣标签和用户兴趣词细粒度地描述用户兴趣，因为可以具体对应到实体标签一级，而用户兴趣分类则是粗粒度的。

建立了用户兴趣模型之后，品牌运营者就能摸透用户的行为和兴趣，对品牌运营做好铺垫。因为掌握了用户的兴趣，品牌运营者就可以细分品牌类别，各个击破，让品牌从小到大、从窄到宽。

打造爆款：让品牌家喻户晓

“爆款”一词来源于电商，主要指销量特别高的某个单品或一类产品，通过打造某个明星产品获取流量，进而形成更多的购买转化。因此，我们总结：爆款运营的能力直接决定流量吸纳的能力。

我们经常阅读的那些点击量10万以上的文章（爆文），实际上也相当于爆款。一篇爆文能带来大量粉丝，这就是大家都热衷写爆文的原因。

不想做品牌的品牌运营是不成功的，也是不完整的。而在品牌运营中，打造爆款是必需环节。打造了一个爆款，事实上也等于打造了一个品牌，因为往往一个爆款的出现，会让你的品牌上线，成为家喻户晓的品牌。例如iPhone4手机（爆款）的出现，让几乎所有人对苹果品牌家喻户晓。这就是爆款的力量。所以想要做品牌，你需要一个爆款！

我们以“三个爸爸”（品牌）为例，介绍一下它是如何做爆款运营的。

“三个爸爸”是一款适用于孕妇和儿童的净化器品牌，专注于制造和销售家庭环境中与孩子健康成长相关的智能硬件。

“三个爸爸”一开始选择京东平台做众筹，短短30天时间内成功众筹了1122万元，成为中国第一个千万元众筹品牌。“三个爸爸”当时选择的众筹领域是热门的空气净化智能硬件，但它的切入口较小——母婴人群，定位于让爸妈放心的智能儿童高达卫士和守护天使智能空气净化器（爆款）。通过众筹成功塑造了“三个爸爸”在母婴类智能品牌第一的位置。

甚至后来小米“杀入”空气净化器领域之后，“三个爸爸”还能依靠儿童空气净化器横向扩展产品，比如做儿童机器人。

“三个爸爸”的儿童“高达卫士”空气净化器之所以能够成为爆款，主要是因为为用户解决了痛点：消除PM2.5和除甲醛，这两个痛点可能是爸爸妈妈最关心的问题。“三个爸爸”为了做到这两点，把PM2.5值降到零，除甲醛除到最干净，虽然产品外形做得并不是很好，但从用户的角度来讲，去除PM2.5和甲醛才是他们真正关心的。“三个爸爸”“高达卫士”儿童净化器推广页面见图6-4。

“三个爸爸”从一个初创企业借助儿童净化器迅速成为了一家大品牌公司。这就是爆款运营的威力。

“三个爸爸”的案例给更多的企业和品牌运营者一个启示：可以用爆款来带动品牌运营，进而将品牌运营升华到一个新高度。

那么，如何打造爆款呢？答案是从头至尾都需要运营。

1. 在热门领域中寻找小切入口

我们要明白一点，企业打造爆款，尤其是初创企业，首先一定要选准

图6－4 “三个爸爸”“高达卫士”儿童净化器推广页面

热门领域，从小切入口入手，才有机会将爆款打造成功，这是爆款运营的首要环节。

“三个爸爸”就是如此，它选择的是母婴儿童净化产品领域，这是一个非常热门但很少有人快速进入的领域，因此，无论是契机还是用户认知度方面都十分可贵。

为什么一定要选择热门领域呢？因为在热门领域背后接盘的往往是较大的投资机构和合作伙伴，在这个领域打造爆款会使你的横向合作和纵向整合都非常顺利。

选小切口进入其实也很好理解，这主要来自品牌运营者的眼光——品牌运营者能在热门领域中看到差异化的契机。“三个爸爸”的品牌运营者就十分睿智，率先看到了母婴净化器这个领域，然后将目光聚焦在了儿童净化器产品上。因为当时的市场中已经开发出了孕妇净化器和成人净化器，但是儿童净化器却很少有企业涉及，所以“三个爸爸”果断切入，从而成功打造出爆款。

2. 做透一两个功能点

爆款想要运营成功，还需要在一两个功能点上做足、做透。一上来就想着把什么都做好，形成一个闭环，这样的品牌运营往往死得很惨。

原因很简单，想做爆款的公司往往是初创企业（成熟大公司一旦做爆款会非常快速且成功），而初创企业无论是团队能力还是资源能力都比较弱，无法跟大公司竞争。

做透一两个功能点，是讲究方法的，那就是一定要选用户刚需的功能点，把它做透。“三个爸爸”从母婴类空气净化产品入手，一上来就花大力气解决了用户最关心的两个痛点——除 PM2.5 和除甲醛。解决了这两个痛点，爆款也就形成了，品牌自然也就打造成功了。

与此类似的还有移动理财爆款——简理财。它最突出的只有一个功能点：任何用户都可使用，随时存、随时取。它把这点做到行业内最好，而对于其他功能点都没有深入推广，不像其他产品要绑定用户的银行卡、流程烦琐……所以这款理财产品在短时间内火热起来。

3. 及时营销和“上位”

打造爆款需要及时营销，如果品牌运营者不能快速把爆款（包括产品的定位、特点、优势等）推广出去，就无法获得融资和市场。“三个爸爸”就及时告诉同行和投资人，快速众筹融资，拿到投资和资源之后才能很快与对手拉开距离，成功在市场“上位”。

事实证明，运营爆款时，及时推广会带来三个明显的效果，见图6－5。

（1）获得市场首位。潜台词是：我做了一个非常牛的产品，你怎么还好意思照搬抄袭？总得跟我有所区别吧！这样一来，爆款的市场地位无可

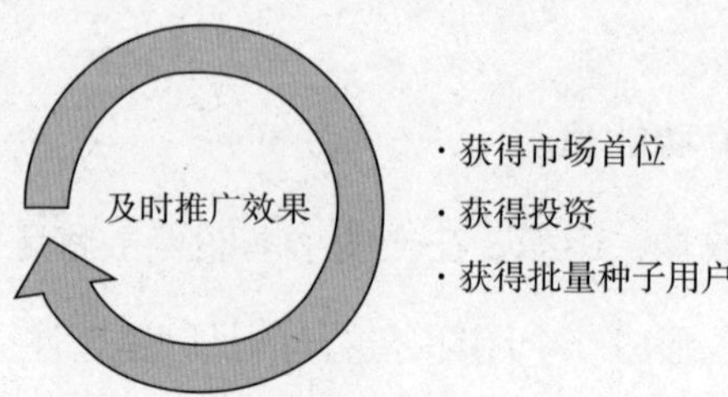

图 6－5　及时推广爆款带来的效果

撼动。

（2）获得投资。及时推广会获得最快速的融资和最牛的合作伙伴，为品牌后续的运营打下基础。

（3）获得批量种子用户。及时推广，会为爆款带来第一批种子用户，还会带来后续的粉丝支持。

此外，爆款本身自带传播效应，结合线上 PR（google 搜索排名算法中的一个组成部分，级别从 1 到 10 级，10 级为满分，PR 值越高说明该网页在搜索排名中的地位越重要）传播会给品牌带来很大的话题效应，这又会带来很多自然流量和长尾流量，进而形成爆款的长尾效应。

剑指传播素材：建立品牌形象，促进市场销售

所谓品牌传播是指企业或品牌运营者以品牌核心价值为原则，在品牌识别整体框架下，以广告、公关、人际、销售等传播方式将特定的品牌推广出去，从而建立品牌的形象，促进市场销售。

一个产品想要通过运营做成品牌，不管是之前讲到的对品牌定位准确把握，对用户心理充分了解，还是多品牌战略部署，最终都需要通过传播这把利剑来实现。

品牌传播的素材和内容十分丰富，品牌并不缺乏传播渠道和成功范本。作为一名品牌运营者，如何找对适合自己品牌传播的素材，利用最合理的花费达到最佳的效果，是首先需要考虑的问题。

对此，中国联通给广大品牌运营者做出了示范，我们来具体看一下。中国联通品牌标识见图 6 - 6。

图6－6　中国联通品牌标识

中国联通是世界500强企业，其拥有通达世界、覆盖中国的通信网络。在中国以及境外多个国家、地区都设有分支机构，其主要经营GSM、WCDMA制式固定通信业务，移动网络业务，国内、国际通信设施服务业务，卫星国际专线业务，网络接入业务，数据通信业务和各类电信增值业务。

2016年8月17日，中国财经网日讯称中国联通发布上半年业绩报告。报告显示，中国联通累计实现营业收入达1402.5亿元。2016年上半年，实现移动主营业务收入达730.4亿人元，由上年全年的9.3%收窄到0.6%；移动出账用户净增839万户，其总数达到26070万户。公司的4G用户迅速增长，2016上半年净增2826万户，其总数达到7242万户

在中国联通的服务收入中，非语音业务占比73.1%，同比提高了4.8%，收入结构得到了进一步优化。

中国联通致力于“信息生活”“引领创新”“卓越服务”和成为“信息生活的创新服务领导者”。

中国联通能成为世界500强企业，与其品牌传播密切相关。那么，如何寻找品牌传播素材呢？中国联通的做法或许是大多数品牌运营者都应该学习的。

1. 品牌标识

标识指的是表明事物特征的记号，通常是单纯、易识别的物象、图形或者直观的文字符号。标识作为人类最直观联系的特殊方式，在社会活动和生产活动中无处不在。

显著是标识的一个重要特点，除了隐形的标识外，大多数标识就是为了引起人们的注意。因此，色彩强烈醒目、图形简练清晰是标识所应具有的基本特征。

一个品牌要想有效传播，首先必须有让用户一眼就能认出的记号（标识）。标识也是产品形成品牌传播的素材之一。

例如，中国联通的标识是由中国古代的吉祥图形“盘长”纹样演变而来的。其线条回环贯穿，象征中国联通作为电信企业的迅达畅通、井然有序和日久天长。中国联通标识有两个很明显上下相连的“心”，形象地展示“中国联通”通信、通心，永远为用户着想，与用户心连心的服务宗旨。

中国联通标识的颜色是中国红，代表的是奔放、热情、有活力。这是中国情结中最有代表性的颜色，象征着好运、快乐的红色不仅增加了中国联通的亲和力，还给用户以强烈的视觉冲击感，同时与中国联通活力、时尚、创新的品牌定位相吻合。在这一点上，我们要为中国联通的品牌运营者点个赞。

标识无论要说明什么或者指示什么，不管是寓意还是象征，首先必须易懂，能够符合用户认识心理和认识能力；其次要准确，能让用户在极短的时间内准确领会、一目了然。

2. 文字

所谓文字，是指记录、交流思想、承载语言的符号。文字和语言一样，是交流信息的载体。文字是以简单的视觉图案再现口语表达的意思，因此，文字也是品牌传播的素材之一。

中国联通的品牌传播素材就运用了文字。其文字的颜色是最具包容、最有凝聚力的水墨黑，是高贵和稳重的象征。红色双“i”象征着两个人随时随地地沟通，突出“让一切都自由连通”的品牌精神，在竖式的组合中巧妙构成吉祥穗的造型，强化了中国联通在用户心中吉祥、幸福的形象。

“i”发音同“爱”，延伸了中国联通“息息相通，心心相连”的品牌理念，迎合了“向用户提供一体化通信与信息服务”的品牌运营总体思路。文字以红色和黑色搭配，具有和谐、稳定、有张力的视觉美感，给用户带来视觉冲击感。

因此，文字作为品牌传播的素材时，需要反复阅读，让文字清晰可见，让用户可以突破时间、空间的限制，达到传播效果最大化。

操练传播执行力：让品牌效益最大化

所谓执行力，是指贯彻战略意图，能够达成预定目标的操作能力，是把企业战略和规划转化成效益、成果的关键。

在产品运营尤其是品牌运营中，执行力指的是完成任务的能力、程度和意愿。

做决策后，接下来就是执行。再好的决策如果不被执行，也是空谈。良好的执行能力是品牌化传播效果最大化的重要条件。那么，如何快速练就品牌传播的执行力呢？下面，我们通过飘柔洗发水的案例了解一下。飘柔洗发水广告见图6－7。

作为宝洁旗下的洗发水品牌飘柔成功进入中国市场，并二十多年保持中国洗发水市场的领军地位，成为了中国女性生活中不可或缺的一部分。

飘柔是最早进入中国市场的国际洗发护发品牌之一。二十多年来，飘

图6-7　飘柔洗发水广告

柔带来了许多业界第一，这也是飘柔成为宝洁公司最成功的品牌的原因之一。飘柔在充分了解用户需求的基础上，不断研发更新更优质的产品，以此满足用户的需求。

一直以来，飘柔非常关注中国女性的生活状态，致力于向广大女性推广勇敢追求梦想、乐观自信的生活态度。飘柔热切关注女性社会问题，尤其对于“剩女”现象，飘柔联合了《健康之友》推出“中国单身男女调查报告”。报告显示，很多单身男女缺乏自信、勇气，使得他们在爱情来到时选择继续等待。在这次活动中飘柔从女性角度出发，鼓励万千女性“秀出来，勇敢爱”。“飘柔”坚信，每个人都应该拥有属于自己的爱情，前提是勇敢迈出第一步，把自己最自信的一面秀出来，向爱情勇敢地靠近，爱情就一定会顺起来。

“秀出来，勇敢爱”是飘柔在2016年11月11日“光棍节”开启的一次大型寻爱活动。这个活动帮助了很多渴望真爱的单身男女青年。飘柔通过单身数据报告、微电影、微视频等一系列活动，在腾讯微博、新浪微博、微信、QQ空间等平台上供用户体验。

飘柔通过举办活动来实现品牌传播，不仅让用户参与活动，还让飘柔品牌成为用户生活中必不可缺少的一部分。这充分说明，品牌要想有效传播，品牌运营者必须有强大的执行力。

1. 沟通是前提

有好的理解力才会有好的执行力，沟通是执行的前提。只有通过沟通，群策群力、集思广益，才能在执行的过程中理清战略的条条框框，让品牌传播执行更顺畅。

飘柔为传播品牌，在执行方面，品牌运营者从一开始就对市场进行调查，并与用户沟通，最终根据调查报告举办了成功的品牌传播活动。

有效的沟通可以集思广益，可以掌握正确、完整的信息，帮助品牌运营者在执行的过程中理清思路，事实和凭据是执行过程中最有说服力的。

2. 目标明确

不管做什么事，首先要有一个明确的目标。比如，品牌运营者传播推广品牌，首先要明确目标，为提高品牌知名度做好规划，让用户了解、知晓品牌的内涵，以此来达到促进销售的目的。

飘柔举办活动，目的就是传播品牌，建立品牌知名度。因此，要想练就高效的品牌传播执行力，首先要明确目标。

假如所运营的品牌旗下主要产品是日消品，就要做好产品品牌化的传播工作，首先需要明白一点：目标是什么，然后通过数据、表单体现明确、具体分解的目标，如各区该品牌产品的具体市场占有率、上柜率、下柜量等。

3. 要有细致的执行计划

仅依靠设定目标无法达到有效的执行。目标通常只是一个方向，采取恰当的方式来达成目标，才是推动传播工作的重要手段。

每个人的理解能力不同，在执行的过程中就会产生一定的偏差，所以要有细致、规范的执行方案，才能在传播过程中有计划地开展工作。

飘柔在这方面就做得很好。运营者对市场进行调查，通过一系列活动，在各大网络平台为用户提供体验。

做任何事情都要经历一个过程，不能追求一步到位，细致的执行计划是练就品牌传播执行力的重要因素。

攻克传播渠道：增强品牌价值认同感

传播渠道也称为传播媒介、传播工具，是传播内容的载体。传播渠道有两层含义：一是传递信息的手段（电话、网络、广播、电视等和传播技术有关的媒体）；二是指从事信息选择、采集、加工、制作、传输的机构或组织（报社、电台和电视台等）。

产品要想被用户记住，就必须通过某种方式让用户知道并了解，打造品牌就是其中一种方式。打造了品牌之后，用户就会对品牌产生认知，这一系列的过程称为品牌传播的渠道。

要想让产品成为品牌传播出去，首先要选择合适的传播渠道。品牌经过渠道增值，会变得更有吸引力，使用户满意地接受。

那么，传播渠道都有哪些呢？下面我们以“三只松鼠”为例分析一下。“三只松鼠”的品牌传播给产品运营者们做出了示范。“三只松鼠”品牌标识见图6－8。

图6-8 “三只松鼠”品牌标识

“三只松鼠”是一家以销售坚果、干果、花茶等森林食品为主的新型企业。

“三只松鼠”依托互联网技术，利用B2C（商家对个人）平台实行线上销售。凭借这种销售模式，“三只松鼠”开创了产品快速、新鲜的新型食品零售模式。这种商业模式大大缩短了商家和用户之间的距离，确保用户享受新鲜、完美的食品，从而开创了中国食品依托互联网技术进行线上销售的先河。

“三只松鼠”品牌运营基于这样一个信仰：为全人类寻找最新鲜、最健康、最优质的森林食品。

2012年“双十一”，“三只松鼠”当天的销售额在“天猫”坚果行业居第一名，日销售额接近800万元，发展十分迅速，创造了中国电子商务史上的一个奇迹。在2015年“双十一”，“三只松鼠”单日全网的交易额高达2.66亿元。“三只松鼠”定位“森林系”，并倡导“慢食快活”生活方式，成为广大用户最喜爱的坚果食品之一。

在激烈的电子商务竞争中，“三只松鼠”成立一年多就成功跃居该行业全网第一，成为坚果品牌的排头兵。在品牌传播过程中，“三只松鼠”是利用哪些传播渠道脱颖而出的呢?

1. 网络媒体

网络媒体与传统报纸、广播、电视等媒体一样，都是信息传播的渠道，是传播、交流的工具，如微博、微信、论坛、视频网站。

与传统媒体相比，网络媒体的优势在于：传播范围广泛（全球性），信息数据庞大（全面性），操作简单、方便（傻瓜化），沟通性交互性强（全动态），保留时间相对较长（常年、全天候），具有强烈的感官性（全接触）。

譬如，微信目前是一款人们使用最广泛的通信工具，人们可以通过微信发送语音短信、视频、文字和图片，支持多人参与，也支持朋友圈、公众号、摇一摇等服务，是一个不错的信息传播渠道。

微信作为当下最火的信息传播平台之一，很多企业通过微信公众号来实现品牌运营。在这方面，“三只松鼠”就做得很好。在其官方微信公众号中，我们经常可以看到很多关于产品的信息，如节日福利、新品特惠。通过微信公众号，用户可以方便地了解“三只松鼠”的产品信息，这种日常化的传播很容易形成品牌。

2. 电视媒体

电视媒体指的是以电视为宣传载体，进行信息传播的平台。

与其他媒体相比，电视媒体的优势在于：传播信息及时，受众不受文化层次的限制，互动性强，传播的画面直观、易懂、形象生动。

常见的电视媒体传播方式有选秀节目、各种卫视赞助、电视剧插入式广告等。

例如，2017 年 4 月电视剧《欢乐颂 2》火了，与其同火的还有“三只松鼠”。“三只松鼠”的电视剧插入式广告见图 6－9。

图 6－9　“三只松鼠”的电视剧插入式广告

“三只松鼠”品牌以电视剧赞助商的方式成功火了一把，为其带来了巨大的销量，成为了广大用户最喜爱的食品之一。

电视作为信息社会最具影响力的媒体之一，在引导社会舆论、影响用户决策等方面起到举足轻重的作用。利用电视媒体做品牌传播须谨记一点：电视媒体属于线性传播渠道，保存性差，费用相对较高，对于小型企业来说投放资金过大。

3. 户外媒体

户外媒体指的是地铁、商业区门前、公交车、路边等户外场地设置的发布广告信息的媒介，是公共空间的一种传播介质，主要形式有路牌、霓虹灯、车厢、大型充气模型等。

其优势在于：一是针对性、实效性、流动性、强制性强；二是利用自制节目，即时播放，内容、色彩丰富（不仅有大型广告，还有综艺、动画、广播剧等各种节目的间隙插播广告），显示方式多种多样（图形、文字、二维动画、裸眼 3D 等）；三是主要投放在商场、地铁人流量集中的地段，传播效应强，具有强制性。

利用户外媒体传播产品不仅可以丰富用户的文化生活，让用户更容易接收，还能提升产品的知名度，增强品牌的价值认同感。

“三只松鼠”在这方面也没有落下，“三只松鼠”的地铁广告见图6－10。

图6－10 “三只松鼠”的地铁广告

地铁是人们出行常用的交通工具，“三只松鼠”选择利用地铁场地来进行品牌传播，人们在搭乘地铁的过程中，经常会看到“三只松鼠”的广告，久而久之，“三只松鼠”深深地映入了用户的脑海中，逐渐形成品牌概念。

第七章

新媒体运营：跨越网络时空来创作

做产品运营，离开了新媒体等于船离开了水。在移动互联网时代，新媒体是产品运营者必须要掌握的运营工具。新媒体运营不仅仅是学会玩微信、微博那么简单，还需要更多的技巧性。本章将告诉产品运营者如何让你的产品在新媒体运营空间牛起来。

不会新媒体运营，你就“OUT”了

在互联网高速发展的当今时代，新媒体已来到我们身边。近几年，新媒体运营十分火爆，大部分公司、企业和产品运营者都对新媒体十分重视。其原因在于，通过新媒体运营可以带来丰厚的利润。现在，无论什么行业都有新媒体运营这一职位。

新媒体运营指的是利用今日头条、微博、微信、贴吧等新兴的媒体平台来进行产品营销、品牌推广活动。企业和产品运营者通过策划与品牌相关的优质传播内容与线上活动，为用户广泛推送精准消息，从而提高用户的参与度，提高产品的知名度，充分利用粉丝经济，达到营销的目的。

当下是自媒体十分发达的时代，每人都可以是媒体的参与者，都可能成为一个媒体。因此，新媒体运营活动应运而生了。

要想成为一名新媒体运营者，需要具备一些条件。以今日头条为例，来具体分析一下。今日头条首页见图 7－1。

图 7－1 今日头条首页

今日头条是一款基于数据挖掘的推荐引擎产品，它为用户推荐有价值的、个性化的信息，提供连接人与信息的新型服务，是国内移动互联网领域成长最快的产品之一。

今日头条基于个性化推荐引擎技术，根据用户的兴趣、位置等多个维度进行个性化推荐，推荐内容不仅包括狭义上的新闻，还包括音乐、电影、游戏、购物等资讯。

用户可使用微信、微博、QQ 账号或注册今日头条账号登录，今日头条根据其社交行为、阅读行为、地理位置、职业、年龄等信息挖掘出用户的兴趣，并通过社交行为分析，5 秒钟计算出用户兴趣；通过用户行为分析，用户每次动作后，10 秒内更新用户模型。

1. 对新媒体有所了解

在做新媒体运营时，首先要对新媒体感兴趣，这是做好新媒体运营的基础和开端。兴趣是最好的老师，也是持续学习动力来源之一，有兴趣才能把自己最擅长的一面展现出来，体现自己的价值。

作为一名新媒体运营者，除了要对新媒体感兴趣外，还要对新媒体有所了解。众所周知，新媒体本质还是媒体，传播的形式以图片、文字、语言、视频为主。新媒体是相对传统的媒体——报刊、电视、广播而言的，两者的区别在于，新媒体可以和受众真正建立联系，具有交互性、跨时空的特点，给媒体行业带来许多新的模式和理念。

例如，想要在今日头条发表一篇有关自己产品推广的文章，首先需要对今日头条进行一定了解——怎样注册今日头条账号，在今日头条发表文章需要具备什么样的条件，文章发表有哪些版块，文章应在那个版块发表，等等。这些都需要我们事先对其进行了解，这样才能在发表文章的时候游刃有余。

2. 要有一定的“网感”

所谓的“网感”，从字面上解释，就是对网络有一种神秘的感觉，了解网民最关注的是什么，关注网上的热点事件、网络语言和流行趋势。

要想有一定的“网感”，要求新媒体运营官及时抓住热点，并拥有较强的数据分析和信息搜集能力。不管是传统媒体还是新媒体，对其发展趋势的把握都很关键，更重要的是要明确一点，并不是所有的趋势都可以追逐，有些趋势甚至会破坏你的价值观，因此，要在众多的趋势当中坚持自己的“网感”。

比如想要在今日头条发表一篇有关产品的文章，就需要了解用户最关注的是什么，网络上有哪些热点事件和网络语言可以利用，能融合在文章中，把用户最想要的呈现在他们面前。

3. 具备一定的写作能力

前面我们说过，新媒体传播主要是以文字、语言、图片等形式，这就要求新媒体运营者具备一定的写作能力（如熟练撰写产品运营活动策划文案、产品推广软文等）。发现热点后，能够及时结合自身产品特点、优势，通过文字，图片的方式展现在用户面前。

比如，想要在今日头条为产品做宣传，可以借助热点，通过写文章的方式把产品植入到文章中，把说变成写，以文字的方式展现在用户眼前，用文字的魅力吸引用户的眼球。

4. 要有不断学习的精神

每个人的知识都是有限的，我们要不断地学习，通过学习充实自己、提高自己。想要成为新媒体运营者，需要有不断学习的精神。学习优秀的新媒体运营者的成功运营案例，看他们是怎样做的。只有不断地自我调整，才会获得更大进步。

这里有一个关键的问题——如何找到学习对象呢？推荐大家看看“新媒体排行榜”，寻找适合自己学习的垂直领域领袖，譬如“吴晓波书友会”、“十点读书”、“鬼脚七”。大家还可以关注一下“冷兔”、“馒头学院”、“新闻哥”、“blues”、“人人都是产品经理”、“李叫兽”、“留几手”等微信公众号，也可以自己慢慢去挖掘。

借势热点：提取热点精髓，创造心灵震撼

借势是指企业或产品运营者及时地抓住倍受关注的社会事件、新闻、节假日及人物明星效应等，结合自身产品，为了达到品牌推广的目的，所展开的一系列相关活动。

借势运营是指将产品促销的目的藏于活动运营中，将品牌推广植入到用户喜闻乐见的环境里，使用户了解并接受。

热点借势是当下最受欢迎，同时也是最行之有效的一种产品运营手段。企业或产品运营者借助热点，以求提高产品的知名度和美誉度，从而树立良好的品牌形象，最终促成产品或服务销售。

热点借势已成为当下新媒体运营的新宠，对于产品运营者来说，如何借势促成产品销售呢？在这方面，携程旅行给新媒体运营者做出了示范，我们来具体看一下。携程旅行“520”活动推广页面见图 7 – 2。

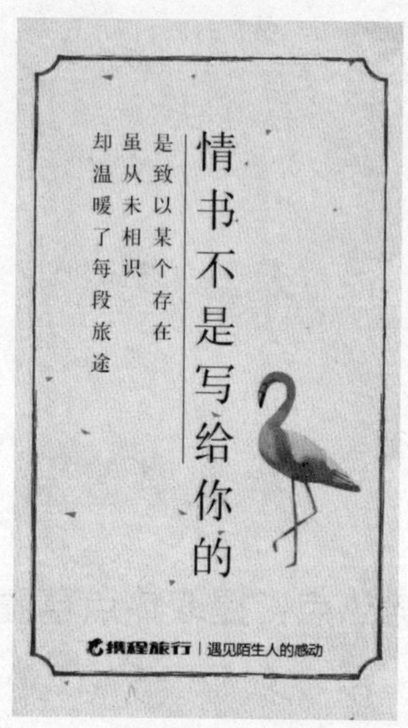

图 7-2　携程旅行“520”活动推广页面

520 这天，有人在旅途中捡到一个小姐姐……

姑娘 A 被渣男劈腿之后难过哭晕在路边，有好心的陌生人——男主先生来扶她。她逮着人家就问：你为什么不喜欢我呀？是不是因为我太笨了，不会像其他女孩子那样撒娇？不会化妆，不会为你着想，什么都不会，就连喜欢自己都快要不会了，所以你也不喜欢我啦？

男主先生听着就笑了，却低声安慰：“没关系，你不会的都交给我来做，包括喜欢你这件事。”他与她素昧相识，他却给了她最美的情书。

这个 520 我和他一样，什么也没有，只有 163 封写好的情书。

但情书不是写给你的，

是致以某个存在，

能让人无惧满目荒夷，

还感谢世间繁华。

只是这些啊，都是你吧。

虽然情书不是写给你的，

但又全都是给你的。

因为你啊，是旅途里最美好的陌生。

现在，

你还有163封来自陌生人的情书，

情书不是写给你的，

是写给喜欢我的那个人的。

你看我一个人在长途火车上罚站，

于是借故抽烟让座。

某年某月某日某时某刻，

你觉得，是喜欢过我的。

情书不是写给你的，

是写给讨厌我的那个人的。

你看着我因为失恋在海边哭吼，

你又气又急地说出一句

“姑娘，人要向前看。”

我仍旧不依不饶不爱自己，

你决定要把我当成讨厌的人了。

情书不是写给你的，

是写给忘了我的那个人的。

在下雨时撑过的雨伞，

或者是哭泣时塞来的纸巾。

即使小得你早已忘记，

可在你最珍贵的生命里，

也曾出现了我那一瞬的风景，

对我来说就是最好的回忆。

这些，都是在我的旅途里留下的，最美好的你。

现在出发去旅行，

去遇见陌生人的感动

去邂逅对你而言美好的那个人

去寻找那封只为你写的情书

以上是“携程旅行”微信公众号“520”活动推广文案，该文案借势“520”（网络情人节）来夺取用户眼球。借助用户自身的传播力，以轻松娱乐的方式提高产品的美誉度，潜移默化地引导用户消费。

接下来，我们结合该案例分析一下新媒体运营者如何巧借热点进行产品运营。

1. 善于发现

借势热点首先需要火眼金睛，能够及时发现热点。

发现是富有创造力的一种行为，是一种能够预测未来的神通。借势热点要有善于发现新媒体中热点的感官，要做到“眼观六路，耳听八方”，在各大新媒体渠道中发现一些正在发生的社会新闻、商业热点等。

携程旅行在这点上就做得很好。“520”是信息时代产生的一个与爱情有关的节日，也被称为“表白日”“撒娇日”，是近几年十分流行的节日。不管是线上还是线下，“520”前后的一段时间里，都掀起过一浪高过一浪的过节热潮，“520”已成为各种媒体争相报道的热门新闻话题。携程旅行及时发现了这点，于是，借势“520”来提高产品的知名度，促成产品服务销售。携程旅行不仅在“520”有借势营销活动，在“母亲节”“春节”“奥运会”等都借势热点来进行运营。

借势热点要有一双善于发现的眼睛。时刻关注微博的热门话题排行，百度的实时热点排行榜、搜索风云榜，微信朋友圈和微信群的最新动态、话题等，时刻保持对各大热点的敏感度。

2. 提取、整合元素

在新媒体运营中，借势热点的目的主要有两个：涨粉、卖货。不管是出于哪个目的，最终都要围绕产品核心展开，否则，用户会觉得莫名其妙，最后导致用户流失。

每个热点都拥有很多元素，但是，并不是每个元素都适合自己的产品。因此，对于新媒体运营者来说，需要对热点元素进行甄选，从中挑选适合自己的元素，然后掌握元素的精髓，深度了解自己的产品，并将自己的产品和热元素进行完美整合。

在上述案例中，“520”表白的方式其实有很多种，如写情书、送花、请客，这些都是热点元素。携程旅行就借助了“520”给陌生人写情书的方式来吸引用户，让运营效果最大化。

3. 创意为王

创意是创造意识、创新意识的简称，指的是对真实存在的事物认知和理解，而后衍生出一种新的潜能和抽象思维。

创意不仅是解决产品、品牌和社会热点相关的途径，还是能使信息在众多的同类信息传播中脱颖而出的利器，是进一步发掘、激活自愿组合方式，提升资源价值的方法。在新媒体运营中，借势运营更需要在热点基础上寻找更新鲜、刺激的心灵震撼与兴趣满足。

携程旅行的“520”活动文案就十分有创意。在人们的意识中，情书是为表达自己的爱意，给自己喜欢的人写的。然而，携程旅行的情书是写给讨厌的那个人、忘记“我”的人、陌生人的，一反常规，给用户新鲜感。不得不说，这篇文案十分有创意，能够给人心灵上的震撼。

在借助热点营销时，创意是关键。有创意的文案在很大程度上更能吸引用户的眼球，其销售效果也会很乐观。企业和产品运营者可以根据自身产品的特色、优势，尽量发挥创意，在运营过程中争取做到不鸣则已，一鸣惊人。

“微”媒体寻宝：公众号视听结合显神通，小程序化繁为简定乾坤

“微”媒体属于新媒体的一种，“微”媒体营销主要专注微信营销、微博营销等移动互联网营销的方法、应用、思想、方案、工具。

企业和产品运营者利用“微”媒体来进行产品传播、销售，其营销效果不亚于传统媒体。因此，“微”媒体是很多企业和产品运营者常用的平台。在“微”媒体这个怪圈里，有很多的宝物。接下来，我们以微信为例，一起去寻找“微”媒体的宝物。

微信是腾讯公司于2011年1月21日推出的一款社交通信产品，用户可以通过微信快速地发送视频、免费语音短信、图片和文字。与此同时，也支持使用一些社交插件，如公众号、小程序、朋友圈。

微信作为当下最热门的社交平台，同时也是移动端一大入口，正在慢

慢演变成大商业交易平台，对营销行业所带来的颠覆性变化也开始显现。

微信商城的开发也随之兴起，微信商城是基于微信研发的一款社会化电子商务系统。用户只要通过微信平台，就可以实现商品的查询、选购、体验、订购、支付等线上线下一体化的服务模式。

微信给很多企业和产品运营者带来了很大的便利，成为产品运营的主要渠道之一。

“微信”之所以倍受产品运营者的喜爱，其原因在于利用微信进行产品运营，成本低，信息能够精准推送，用户看到信息的界面纯净度够高，微信的很多服务有利于产品的运营。

“微信”媒体的宝物主要有以下几个：

1. 微信公众号

微信公众号指的是商家或开发者在微信公众平台上申请的应用账号，这个账号可以与QQ账号互通。商家通过微信公众号，可以在微信平台上实现与特定群体的语音、图片、文字、视频的全方位互动、沟通，从而形成主流微信互动线上线下营销方式。

不同尺寸的微信公众号二维码，中间都可嵌入企业的品牌标识，二维码可以印刷到名片、宣传册、广告牌和商品包装上，这是打开微信运营的开端。在微信公众号的后台，产品运营者可以群发图文、消息或广告，可以设置关键词默认消息、自动回复、自动打招呼；还可以与粉丝互动、对粉丝属性进行分类。浦发银行信用卡微信公众号界面见图7－3。

图 7－3　浦发银行信用卡微信公众号界面

微信公众号分为三类，如图 7－4 所示。

图 7－4　微信公众号的三大类型

（1）服务号：微信服务号给组织和企业提供了更强大的业务服务和用户管理的能力，能够帮助企业快速实现全新的公众号服务平台，例如供银行提供服务查询、114，主要偏向于服务交互。服务号得到认证后每个月都可以群发 4 条消息，如果企业、产品运营者想要进行商品销售，可申请服务号，招商银行信用卡微信服务号界面见图 7－5。

（2）订阅号：微信订阅号为媒体或个人提供了一种新的信息传播方式，有助于和读者之间更好地沟通。微信订阅号认证后，每天只能群发一条消息。其主要偏向于为用户传达资讯，类似报纸、杂志。如果只是想简单发送一些有关产品的信息，达到宣传的目的，订阅号是一个不错的选择。享选微信订阅号界面见图 7－6。

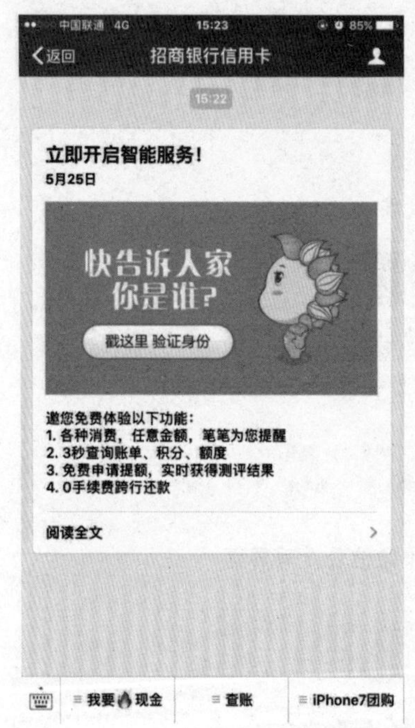

图 7－5　招商银行信用卡微信服务号界面

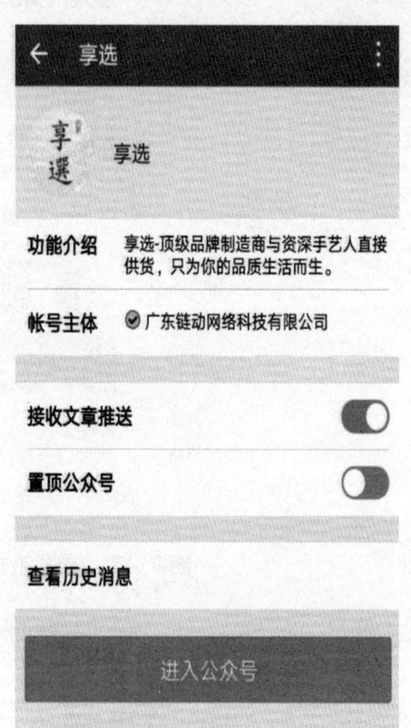

图 7－6　享选微信订阅号界面

（3）企业号：微信企业号为企业或组织提供移动应用入口，能够帮助企业建立起与员工、与上下游供应链以及企业间的连接，可以根据需要定制应用，通常由多个应用聚合成一个企业号。微信企业号主要面向企业、事业单位、政府和非政府组织，以便实现协作运营、生产管理的移动化。

综上所述，作为新媒体时代下的产品运营者，想要产品获得更高的知名度，必须掌握微信公众号的运营方法。

2. 小程序

小程序是指微信公众平台小程序。微信小程序连接按钮见图 7 – 7。小程序可以通过某一个场景，让用户直接接触到所推广的产品，进而对产品产生好的印象，在恰当的时间内从众多产品中分辨出特定的产品并最终使用。

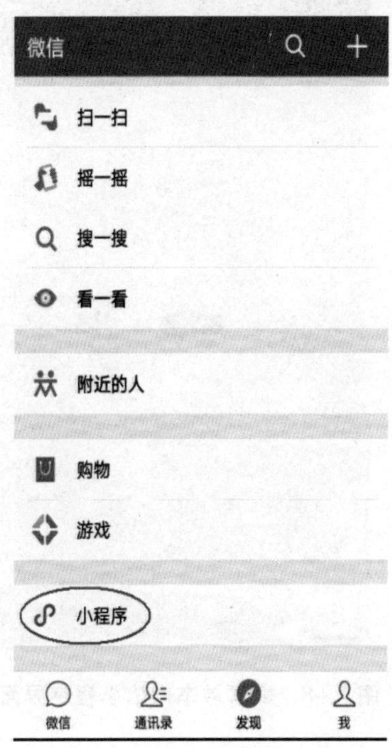

图 7 – 7　微信小程序连接按钮

微信小程序为庞大的微信功能体系成功加入了一个重要功能，用户都被“绑架”。单从产品设计角度来看，微信小程序的出发点是想告诉用户：要驯服复杂，不要在复杂中失控。

用户可以利用微信便捷地获取和传播小程序，小程序是一种无须下载、安装就可以使用的应用功能，是产品或品牌接触用户、让用户了解的第一步，打破以往产品和用户陌生的关系，让产品给用户留下好印象。这对产品运营者来说是一个很好的契机，可以将产品嵌入小程序中，做好相关运营，为用户提供更好的服务。

微信小程序推出后，很多商家或开发者就很好地利用了它，如摩拜单车。摩拜单车微信小程序界面见图 7－8。

图 7－8　摩拜单车微信小程序界面

利用微信小程序，用户在使用摩拜单车时无需下载 APP 也能找寻摩拜单车，便捷开锁，直接打开小程序就能看到周围的自行车。

直播成网红：量身定制直播平台，秀专业不搞怪

移动互联网时代，直播站在了风口浪尖。直播的出现和窜红让产品运营者有了更大的发挥空间，同时，直播也成为孕育新一轮产品运营者的平台。截至2016年底，市场已出现了几百家直播平台，譬如花椒直播、YY直播、映客直播、秒拍、美拍等。同时，各大传统视频媒体、电商也纷纷推出直播，如芒果直播、天猫直播、腾讯直播、淘宝直播等。总而言之，直播平台的出现让产品运营有了新的“暖床”。

作为产品运营者，如何利用直播来进行产品运营呢？在这方面，天猫可玉珠宝旗舰店就做得很好。天猫可玉珠宝旗舰店直播界面见图7－9。

在天猫可玉珠宝旗舰店直播过程中，店铺不仅让用户了解到店铺里的产品，还实现了销量转化，获得了利润。

接下来，我们结合该案例具体分析一下如何利用直播来提高产品的知名度，给产品带来可观的销量。

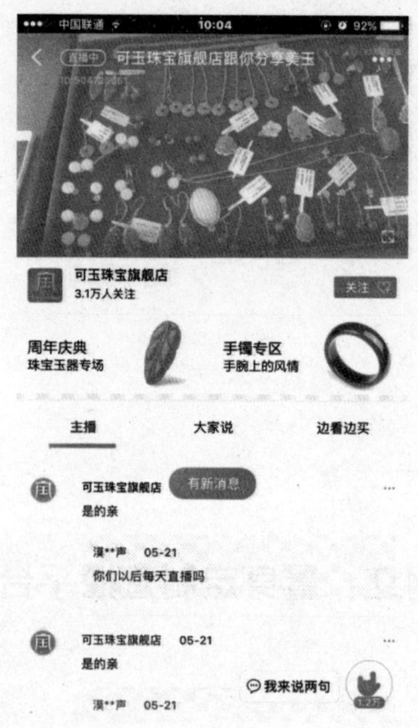

图 7-9　天猫可玉珠宝旗舰店直播界面

1. 选择适合自身产品的直播平台

做直播运营首先要选择一个合适的直播平台。目前直播平台虽然很多，但不是每个平台都适合自己的产品。每个直播平台都有自身的标签和特点，在选择直播平台时要看其是否与产品相匹配。下面我们着重介绍几个有代表性的直播平台。

（1）天猫直播。

天猫直播是阿里推出的直播平台，其主要定位是消费类直播，能够让逛天猫的用户边看边买。

天猫直播大多数主播方是店铺，涵盖母婴、美妆、美食、运动健身等店铺。很多天猫店铺会邀请网红或对所售产品专业领域有所研究的明星进行直播。在直播的过程中，用户不仅了解到店铺的产品，还能为店铺带来销量，从而获得利润，一举两得。

“可玉珠宝旗舰店”就很好地利用了“天猫直播”来为自己的产品做宣传，在宣传的过程中，用户可以边看边卖，给店铺带来了可观的利润。天猫可玉珠宝旗舰店天猫直播截图见图 7－10。

图 7－10　天猫可玉珠宝旗舰店天猫直播截图

（2）**花椒直播。**

花椒直播含有上百档自制直播节目，主要涵盖文化、体育、旅游、健身、综艺等多个节目，是全球首个 VR 直播平台，开启了移动直播 VR 时代。在 2016 年 6 月，花椒直播发布了“融”平台，成功打破了媒体与媒体间的界限，为企业、用户打造更多的优质内容，成为了跨界最强的直播平台。

花椒直播是一个集合技术、科技为一体的高级直播平台，是产品进行营销最佳的直播平台之一，很多企业、产品运营者都非常乐于借助这个平台做产品直播，一来可以达到预期的宣传效果，二来可以节省花费。

（3）**美拍直播。**

美拍直播是一个十分注重“颜值”、原创的直播平台。想要在美拍直播平台为产品进行宣传，需要有“高颜值”（可寻求明星、网红帮助）和原创内容。例如，欧莱雅、美宝莲等时尚品牌就善于运用美拍做产品运营，在美拍直播平台邀请当红明星和代言人笼络粉丝，推出直播特价、优惠等活动。

以上三个平台是最具代表性的直播平台，大家可以根据自身产品的优势和特点选择合适的直播平台。

2. 直播内容要丰富

用户永远跟着内容走，直播视频的本质是内容的争夺。在给产品做直播时，在内容上需具有一定的专业性、丰富度、文明度，优质的内容和特色栏目是运营制胜的关键。

例如，天猫可玉珠宝旗舰店在做直播运营时，直播的内容就十分丰富。主播除了不断介绍自身产品的材质、特色等，还给用户传授选珠宝的技巧，并且时不时会与用户进行互动，回答用户提出的问题，引来大量关注。在直播过程中，用户不仅了解到该店铺的产品，还能学到一些挑选珠宝的实用技巧，不少用户在直播过程中为店铺带来了销量。

3. 保持用户的新鲜感，提高用户的参与性

直播之所以能够吸引用户，其根本原因在于能够满足用户的精神需求。在直播过程中，如果长期使用老套手法，不仅会造成用户的审美疲劳，还会使用户对产品产生抵触心理。因此，在做产品直播运营时，需要使用户保持新鲜感，提高用户的参与性。

在这方面，天猫可玉珠宝旗舰店就做得很好。在直播现场，面对用户提问，主播都会一一解答；并且时不时地同用户讲笑话、玩游戏。可见与用户积极互动能促使用户参与其中，延长用户的新鲜感，提高用户黏性。

论坛文艺范：直击目标用户，“声东击西”为产品信息作掩护

论坛可以简单理解为发帖、讨论、回帖的平台，是互联网的一种电子信息服务系统，主要是为用户提供一块公共的电子白板，每位用户都可以在上面书写、发布信息、提出各种看法。

论坛内容丰富、交互性很强且反馈及时。很多企业和产品运营者利用论坛的超高人气运营产品、传播服务。利用论坛平台进行产品运营，需要掌握一定的法则。淘宝论坛有这样一篇文章，发布者是淘宝黔古轩红糖店，发表仅半小时阅读量就有一千多，文章标题见图 7 - 11。我们来具体看一下它是如何做到的。

每当想起的时候

我们便无限地追思着

图 7－11　淘宝黔古轩红糖店在淘宝论坛发布文章的标题

那儿时的味道

哪怕只是那么小小的一块 也能感受到内心无限的满足

长大后

离家远了

思念如一汪清泉

追思着那儿时的味道

但是

那种味道再也很难找了

黔古轩红糖

对的

是它让我重温了儿时的回忆

找回了那儿时的味道

再现了偷偷翻找装盛着红糖的玻璃罐

虽然

一切都已不是从前的样子

但是

终于还是忆起了儿时因为偷吃小小的一块红糖

而被妈妈训斥的场景

小小的一块红糖

带来的不光是儿时的味道

更有家人团圆的温馨

享受生活

感受快乐

带上一罐黔古轩红糖

常回家看看

这是淘宝黔古轩红糖店在淘宝论坛发表的一篇产品推广文章，被淘宝论坛“加精”。这篇文章通过写儿时回忆，声东击西，为产品信息作掩护，非常精妙。

黔古轩红糖产品在使用论坛运营时给产品运营者做出了示范。接下来，重点说一下如何利用论坛做产品运营。

1. 选择适合产品的论坛

在论坛进行产品运营时，一定要根据产品的特点、优势选择适合的论坛，最好是那些能够直接击中目标用户的论坛。在选择论坛时须遵循三点原则，见图 7 - 12。

在选择论坛时，尽量选择发超链接限制少的论坛，其原因在于有的论坛需要一定积分才能发文章。通常，在这样的论坛一旦被封号，损失就会很大。

黔古轩红糖在这方面就做得很好。众所周知，淘宝论坛是最具人气的淘宝店铺推广论坛，依托淘宝网提供资讯信息，给用户简洁、舒适、快速

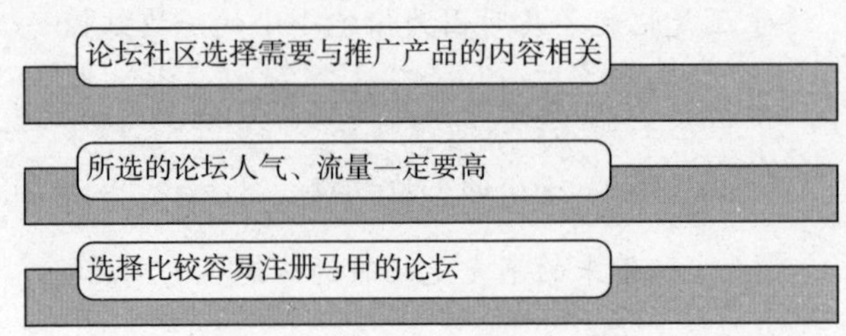

图 7－12　选择论坛的三点原则

阅读的门户页面。黔古轩红糖利用了淘宝论坛的高人气、高流量来进行产品运营，其宣传效果十分好。由此可见，在论坛进行产品运营时，选择适合自身产品的论坛是十分必要的。

2. 帖子内容设计巧妙

产品宣传帖子的链接和标题必须与发出去的内容相关，虽然是为产品做宣传，但其主要目的还是为产品带来销量；同时，还需要注意口碑和用户的感受，切记不要只图标题劲爆而不管帖子的内容。

作为传递产品信息的载体，传达成功与否取决于帖子的标题、内容。如果你的帖子既能吸引用户点击，又能够巧妙地传递产品信息，还能让用户感受不到它的广告意味，那么，这个帖子可以说相当成功。

帖子的内容质量直接决定了用户的关注度。因此，在写帖子内容时，必要时要以标题中有所争议的场景展开，传达产品对用户的相关性、重要性。产品信息的传达也可放在给用户的回复中，主帖只要把产品信息叙述出来就可以，无须加入太多产品信息，从而避免引起用户反感。

黔古轩红糖的帖子内容就设计得十分巧妙。主贴围绕回味儿时的味道展开，其产品信息融入十分自然，让用户容易接受的同时还促成了一定的销量转化。

在设计帖子内容时，可以声东击西，为产品信息做掩护，从而减少用户可能产生的负面情绪。产品推广的内容要新颖，这样帖子才会火。

第八章

社群运营：由内部联系组合而成的体系

以往的商业模式是渠道为王，只要你掌握了渠道信息，你就拥有了话语权。如今的商业模式则是内容为王，人人都可以成为渠道宣传者，人人都可以是内容创造者。对产品运营者来说，社群就是渠道，社群就是核心用户群，做产品就是做社群。

产品运营，为什么要做社群

社群到底是什么？产品运营为什么要做社群？

社群是指有共同属性（如爱好）的人的集合。社群运营是指通过运营手段，集合并活跃这些人，使他们与自己的产品有持续、多频的联系。社群运营在产品运营者看来，其实就是运营群内的积极用户（核心用户）。

对于一个小公司或者初创公司来说，积极用户很可能就是他们的全部资源，是用于各种冷启动实验的种子用户。对大企业来说，用户数量多，需要对用户群做拆分。我们可以将社群拆分为普通用户群和核心用户群。

在这里，需要注意一点：如果划分出的用户很少，就意味着他们所占比重会很低。如此一来，产品运营的效果即便再好，作用也很有限。相反，如果划分出的用户很多，运营成本会随之增加，对产品运营者的能力及综合要求也更高。

对于产品运营者来说，为什么要做社群运营，这是一个非常重要的问题。

事实上，互联网产品运营高手告诉我们，通过社群运营可以解决的问题有很多，主要有以下几种问题：

（1）覆盖用户量少，拓展空间狭窄；

（2）运营者能力有限；

（3）官方社群活跃度低；

（4）运营对用户需求把握不到位。

事实上，做社群运营的最大原因是通过运营核心用户，让核心用户引领普通用户成为核心用户。

1. 维护基本的活跃程度，让用户每天都自发产生内容

做社群运营要维护好核心用户，将这部分群体运营好，保证社群的正常运转，这样一来也能让产品运营者从中获得充分的安全感。维持了核心用户群的活跃度之后，核心用户的活跃度就可以带动基本用户的活跃度，然后让用户自发产生内容。

2. 对接用户获得反馈

产品运营是连接产品和用户的纽带，因此，运营者是最懂用户的人。与用户保持沟通，有利于运营团队不断更新产品，使之更符合用户的需求。此外，社群也是获取用户反馈信息的重要渠道。

我们都知道，在社群中，核心用户往往是产品的体验者，也是产品的忠实粉丝（铁粉），他们提出的问题很有可能十分有见地，比如产品的不足、体验缺陷等问题。对这些问题，产品运营者必须认真对待。想要让这部分群体不断提出对产品的意见和反馈信息，就要维护好他们，让他们保持活跃，这样产品运营者才能在社群中获得真正的价值。

3. 核心用户可协助产品运营者进行相关运营工作

作为产品运营者，平时的工作是十分复杂和繁忙的。因此，想要让社群运营进行得更顺畅，产品运营者可以在维护好核心用户的基础上，调动他们的积极性，让他们成为运营社群的一部分力量。

例如，运营者可以制定好目标和规范，放权给核心用户去做，通过这种方式让他们来分担运营的工作。同时，让用户参与到运营工作中来，还可以获取用户的创意，能提升核心用户对社群和产品的忠诚度，这些对产品运营来说，是非常难得的，也是非常宝贵的资源。

4. 维护好社群可以为产品打造品牌

运营社群中的核心用户的目的是让他们认可产品，成为产品的忠实粉丝，进而有可能变身为付费用户。这样一来，这部分人就有可能会直接对外做各种传播，无论言论是正面的还是负面的，都可以影响身边的很多人。

当然，除了上述的几点之外，我们还需要从内部的因素来考虑。做社群运营时，需要做一些准备工作，主要包括以下几点：

——你是在什么背景下考虑要做社群运营的？不仅仅是指行业背景，还包括你公司所处的阶段和现状。

——你是否具备做社群的条件？

——做社群能否给你的产品乃至企业带来更大价值？

以上这几点也可以说是社群运营的目的。一定要搞清楚社群运营的目的是什么，如果在这个问题上没想清楚，那就先别做社群！因为即便是做了，稀里糊涂拉进几百个微信群，圈几万个“僵尸粉”，都是没有任何意义的。

只有真正地明确了这个问题，你才会发现，原来做社群对产品运营是十分有必要的，而且如果方法到位，技巧精湛，社群运营会带来意想不到的收获。

社群组建程序：搭建平台，完善群规

社群平台有很多，作为产品运营者，想要面面俱到，很容易就会造成短板效应——一旦一个社群平台运营不佳，会严重影响其他社群平台的影响力。

因此，产品运营者在创建社群前期，要分析品牌特点和粉丝特点及目标用户群体，随后找到社群平台的主战场，这样才能更为精准地进行社群建设。

大熊会是由著名的自媒体人“万能的大熊”（宗宁）于2014在北京创立的自媒体社群组织，该社群也是国内最大的社会化营销社群组织。大熊会初建的目标是致力于研究、引领微营销及其品牌营销的发展潮流，帮助更多人通过微信、微博等工具打造自己的品牌和产品，实现最低成本创业。

大熊会每年招募不超过 2000 名会员，总会员人数接近 6000 人。在这里，大熊会定期给成员带去做产品和品牌的“干货”知识。大熊会还选择喜马拉雅 FM 作为媒介，给用户呈现更多的培训录音和知识点。大熊会在喜马拉雅 FM 传播知识见图 8－1。

此外，大熊会还经常在微信公众号、微博、QQ 群发布一些“干货”信息，核心用户积极活跃，带动普通用户加入。大熊会在微信公众号发布信息见图 8－2。

大熊会凭借灵活多变的社群运营方式，吸引了大量用户，也为自己竖立品牌声誉打下了坚实基础，有了坚定的话语权。

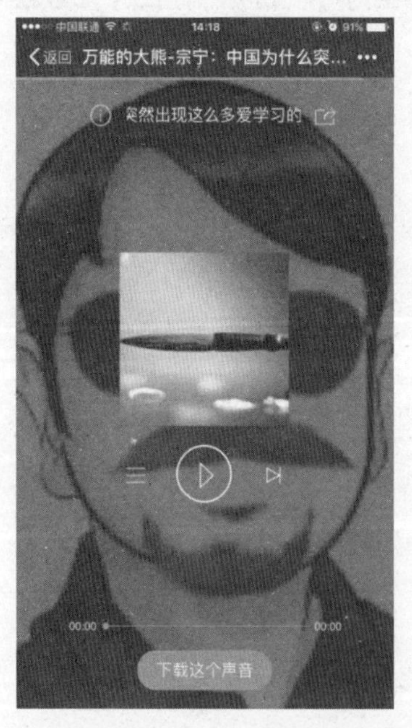

图 8－1　大熊会在喜马拉雅 FM 传播知识

图 8－2 大熊会在微信公众号发布信息

从大熊会的社群运营来看，我们得知，社群运营不仅仅是一个微信群或者微博群，更多的是综合性质的运营。如何正确建立一个社群呢？

1. 了解社群的类型

进入互联网社群时代，基于不同的动机、需求，自主创建或自发形成的社群越来越多。不同的社群具有不同的定位和性质。作为产品运营者，必须要明确社群主要有哪些类型。社群的类型见图 8－3。

图 8－3　社群的类型

（1）兴趣型社群。

很容易理解，这是基于兴趣创建的社群。用户通过网络很容易找到志同道合、志趣相投的伙伴，从而便捷地建立各种基于兴趣的社群。这对那些类似大众点评、美团、美丽说的企业运营者来说是一种便利。

（2）品牌型社群。

品牌型社群是产品型社群的一种延伸。当产品型社群发展到一定程度时，用户群体会对产品产生信任和情感，热衷于产品，这样很容易形成社群品牌。例如宝马群、星巴克社群、哈雷车友会。

（3）知识型社群。

知识类型社群主要是指出于对学习的兴趣，为了获取和分享知识而集合的互联网社群。如秋叶 PPT 社群，这个社群主要为用户提供 PPT 制作和使用的技巧，俘获了大量热爱 PPT 的用户。

（4）产品型社群。

如果所要运营的产品优秀，那么完全可以建立一个以产品为中心的社群，因为产品型社群能直接带来可观的用户群体。人因产品（中介）而聚合成为社群。如此一来，对运营产品有很大的帮助。在这方面，雕爷牛腩就是很典型的社群运营的例子。雕爷牛腩，顾名思义是以“牛腩”菜品为主的品牌，雕爷牛腩在社群运营时就侧重产品，取得了很好的效果。

以上社群的四个类型，每一大类都可根据不同地域、不同人群进行垂直细分。不同类型的社群，虽然具有不同的定位和功能，但在性质上有一定的交叉和融合。

对于产品运营者来说，要考虑到建立社群的初衷是什么，应根据企业或者产品的性质、属性来选择适合自己的社群。

2. 社群平台的选择

社群运营不是简单地运营一个微信群。在当前互联网主流趋势下，适合社群运营的平台越来越多，主要有 QQ、微信、微博、百度贴吧、知乎、豆瓣等。下面来分析一下不同社群平台的特点。

微博社群平台：明星粉丝、兴趣爱好；

微信社群平台：圈子类、产品类、内容类；

QQ 社群平台：地域类、垂直类、强兴趣类、综合类；

百度社群平台：营销类、兴趣类、问答类；

社群 APP 平台：知识型、兴趣类、活动类。

当然，产品运营者选择哪个社群平台建群，原因并不是绝对的。在创建社群之初，应该先分析社群的目标群体，然后再选择一个合适自己的社群平台，这样才能创建一个更精准的社群。当然了，像大熊会，几乎每个社群平台都有涉及。这也说明，当社群运营到一定程度时，可以多方撒网，获得更大收获。

3. 聚拢粉丝并建立群规则

大熊会的社群运营是一个创新理念的案例。其初期也是在各大论坛、微博挖掘核心种子用户，很显然这是一个比较辛苦的过程。之后通过微信等更多平台来增加更多群，推出一些粉丝群，等到社群粉丝量达到一定数量的时候，再号召这些粉丝加入自己的群。

如何才能打造一个成熟的群呢？明确了社群平台以及特点，接下来就要建立群规则。

关于建立群规则，有四个标准：

——群规明确：社群建立之初必须明确群规；

——主题鲜明：任何群都必须有一个明确的主题；

——人群定位：主题明确之后，人群定位就要精准；

——组织活动：社群建立之后，还必须定期组织线上线下活动，这是维护好一个群最好的互动方式。

根据上述三大步骤，就能高效地建立一个社群。建立社群之后，才会有产品运营的发言权，进而策划高质量的活动，搭建完善的社群管理团队，让核心用户参与进来，制定长期有效的社群发展规划以及完善的群规，搭建平台，整合资源优势进行产品推广，利用粉丝力量。

社群经济基础："讨好"粉丝，守住社群灵魂

对产品运营者来说，运营社群的核心就是运营粉丝。这是毫无疑问的，也是无可否认的。

很多人认为在社群运营粉丝玩的就是粉丝经济。事实上，这句话是不对的。因为产品运营者真正玩的是社群经济。粉丝经济和社群经济是有差别的，最大的差别在于互动交流。

粉丝经济，指的是明星和粉丝之间的关系，但粉丝与粉丝之间很少互动。打个比方，A 是某明星的粉丝，B 也是某明星的粉丝，但是他们两个基本上没有关系，他们之间也很少互动。

但是社群经济就不同了，社群经济就是粉丝之间玩，没有明星。例如 A 喜欢用某产品，B 也喜欢用某产品，这两人就会因为这个产品而互相分享，彼此之间会形成交流和互动。这就是基于粉丝的社群经济运营核心。

小米走的就是社群经济的路子，“米粉”以小米手机为兴趣而聚集在一起，大家一起交流互动。他们交流的社群平台（大本营）主要是小米论坛。

打开小米论坛，会看到在这里有很多关于小米手机的帖子。这些帖子有些是针对手机使用的心得，有些是小米系统更新信息，有些是小米与其他手机的对比信息。小米官方论坛帖子截图见图 8－4。

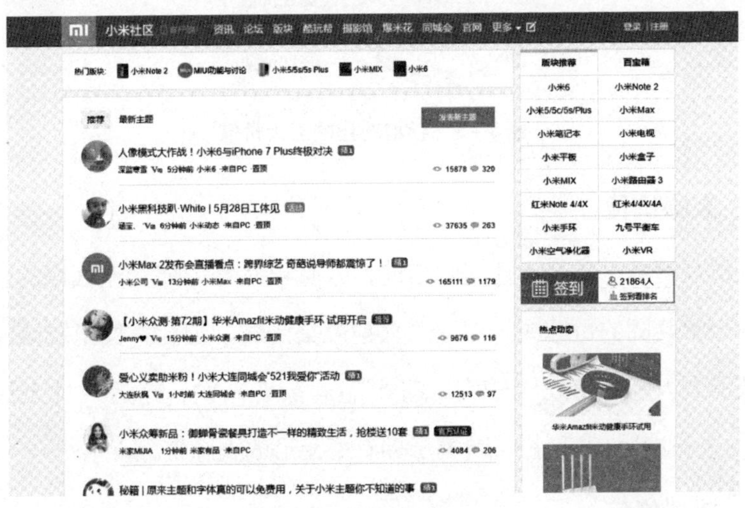

图 8－4　小米官方论坛

在这里，任何一名粉丝都可以发帖，与其他粉丝展开讨论，进行深度互动和沟通。产品运营者则可从中观察到粉丝对小米产品的不满、建议等。这对产品的日后更新和改善也有很大帮助。

同时，小米的产品运营者还会定期在论坛推出各种活动，或者小米最新手机、其他智能设备的培训课程等，吸引了大量忠实粉丝参与。甚至因为社群的影响，还让小米产品获得了直接变现的机会，促成了众多成交。

相对小米走的社群经济的路子，锤子手机走的则是明显的粉丝经济的路子，粉丝喜欢的是老罗，认可的也是老罗的为人，所以才去购买他的手机。

通过小米的例子，你一定想知道到底粉丝有什么“魔力”值得产品运营者费尽心思去“讨好”。我们先来看看粉丝的五大价值，见图8－5。

图8－5　社群粉丝的五大价值

1. 人脉价值

社群运营本身是基于社交网络的，人脉自然是依靠交流获得的。社群成员由一个共同的目标或者相同的兴趣聚集而成。因此，群里较活跃的成员，获取的人脉价值就比较大，对产品运营者来说，这是一种无形的力量，维护好这些核心用户，就等于拥有了无形的人脉资源。

2. 培训价值

很多人说社群是最好的线上会议厅和教师，所以如果在社群里进行培训，就可以形成粉丝的高黏性，粉丝的满意度也会增加。此外，还可以让社群变现。

小米论坛中，产品运营者会经常组织一些专家进行培训，粉丝可免费参加，听取专家讲述小米产品的最新发现、实验、测试等。这对小米产品的口碑形成也有很好的帮助。

3. 变现价值

产品运营者做社群，还可以收获变现。社群做到一定规模，便可通过在线售卖来成交，这相当于把线下的会议营销搬到了线上，赢得商业利益。而这一切都是依靠粉丝得来的。

4. 沟通价值

在社群的沟通中，有一个明显的特点是多对多。社群活动就是线上的集体活动，和线下一样，有很多相同的特性。灵活的沟通，可以让产品运营者与粉丝之间形成默契，为产品的日后发展和完善带来更多的机会和可能性。

5. 信息价值

众所周知，社群是一个集体空间，通过社群，人们可以传递信息、获取最新资讯。在小米论坛，粉丝之间互相传播小米的最新消息不足为奇，更有意思的是，粉丝还会发布一些关于互联网产品、智能手机的最新趋势信息和报告，这也给产品运营者带来了很多灵感。

许多产品运营者不曾了解，最新消息往往是在社群中传播开来的。因此，社群内部由粉丝产生的信息价值无可估量。

明确了粉丝的五大价值之后，我们要做的便是获取粉丝。获取粉丝的渠道有很多，可以在线上推广，也可以线下推广。

以微信为例，我们可以借助微信公众号、个人微信、朋友圈、微信群等来推广社群。此外还可以通过打造活动吸引粉丝加入。同样的道理，微博、QQ 等社交平台也可以拿来做社群拉新服务。

总之，运营社群，最离不开的就是粉丝，没有粉丝就等于没有了社群的灵魂。

社群粉丝活跃套路：激活老用户，吸收新成员

社群运营最重要的就是粉丝。上节中我们谈到社群的核心是粉丝，本节我们来谈谈如何让一票粉丝持续活跃。

产品运营者经常遇到这样的问题：起初粉丝都很热情，一起讨论一起交流，可是没过多久，潜水的人越来越多。有些用户想要交流，却无人回应。其实，这就是社群不活跃的表现。那么，从产品运营的角度来讲，我们应该如何提高社群的活跃度呢？

在微信中有这样一个高级商务社群——享选商学智慧分享高级社群。该社群有近300人，当然，这只是其中一个群的人数。我们就以该群为例来说一下如何使用户活跃。

首先这个社群的成员是高级职业经理人、企业创始人、CEO、培训大咖。这在很大程度上解释了社群“同好”的原则。所以，该社群有一个规

定：进群的人首先要修改自己的备注，例如“北京某某公司 CEO 某某”。进群的成员还需要做必要的说明。

该社群内定期为用户分享前沿的商业经营管理智慧等信息，群管理员也会引导成员进行相关讨论，

这样，做成功避免了“僵尸粉”的加入，可以让社群持续产生优质内容，进而带动社群活跃。除此之外，该群还用自媒体的形式去承载和传播内容，以此吸引更多的粉丝加入。

有了这些前期准备，社群内成员活跃度很高。社群成员经常发送一些优质活动和励志鸡汤内容，如核心成员每天会发一些“晚安”的“鸡汤”，见图 8－6，2017 年 6 月 14 日晚间，某核心成员发布的晚安内容如下：

亲，每天晚间问候送上最美好的祝福，祝福美梦伴您左右！

智慧法语：

努力的意义是什么？

是为了看到更大的世界。

是为了可以有自由选择人生的机会。

是为了以后可以不向讨厌的人低头。

是为了能够在自己喜欢的人出现的时候，不至于自卑得抬不起头，而是充满自信，理直气壮地说出那句话：“我知道你很好，但是我也不差。”

欲胜人者先自胜，欲卑人者先自卑。晚安！

此外，对于新加入社群的成员，社群核心成员还主动向社群成员介绍新成员的信息，提示社群内成员可以互相认识、互相了解，见图 8－7。此做法让社群成员更快地熟悉了解新成员，让新成员更快地融入其中，更好

地进行交流，更好地进行资源对接，也吸引更多精英成员加入。

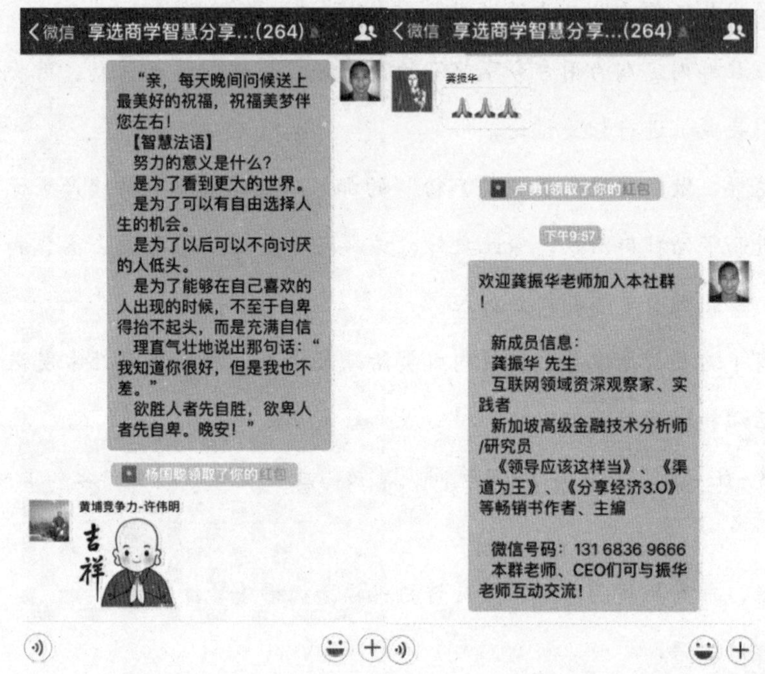

图 8-6　核心成员发送"晚安"励志问候　图 8-7　核心成员向社群成员介绍新成员

通过这些方式，该群的用户十分活跃，不断有新成员加入。这个群的成功经验也给我们带来了很大的启发。

1. 利用社群自身的功能和人为的规定避免"僵尸粉"

社群要想持续活跃和保持稳定，必须利用社群自身的功能和人为的规定避免成为"僵尸群"。

很多社群的运营者往往会遇到这样的问题：建群三天必"死"。也就是说，社群无法做到持续活跃。

事实上，我们只要认真去思考影响社群持续活跃的几大要素，就会知道为什么会出现这种情况。首先是良好的氛围；其次是规则制度；最后是拥有共同的目标、话题。

上述案例中，“享选商学智慧分享高级社群”从建群第一天起就做到了严格把控，例如进群进行必要的说明、修改名称、设置群通告等。

2. 初始成员筛选要严格

社群成员的活跃与否很大程度上取决于核心成员的带动。而核心成员往往是初始成员，因此，对这批人的筛选要严格。

秋叶老师曾在《社群营销》一书中提出一个观点：社群构成的第一要素是同好，它是社群成立的前提。

所谓“同好”，是指对某事物或行为的共同认可。正因为“同好”很重要，运营者在建立社群初期，必须严格筛选初始成员，争取第一批种子用户都是优质的，而不是先找到一群人（只看数量的行为），之后再花费时间精力培养——如此一来不但吃力不讨好，最终还会导致社群成员的活跃度大大降低。

筛选初期成员，要建立在了解社群的连接点和特点的基础上。例如上述案例中，运营者不希望每个成员都是成功的老板和商业家，但起码他们有对成功的追求和热爱，这种态度是必需的。

3. 强大和富有责任心的社群管理团队

一个活跃的价值高的社群，肯定离不开持续运营。在这个过程中，背后往往有一批强大和富有责任心的管理团队在支撑。这个管理团队，既包括一个强大的核心领袖，也包括富有责任心的助手团队。

在上述案例中，核心用户很重要，每天发布早安问候、定期发布课程消息，这些都是富有责任心的表现。成员之间的连接，也都是基于这些核心成员产生的。

4. 优质合理的活动安排

一个社群想要保持足够高的活跃度，离不开活动。社群活动可以充分调动大家的积极性，增强成员的参与感。

在上述案例中，核心成员和意见领袖会经常安排一些培训课程，包括一些线下活动。核心成员还会根据社群成员的实际需求与不同的生活节奏，安排许多有趣又有益的活动。例如，每周会有一次线下午茶会，邀请群内成员分享自己的经验和智慧。如此一来，群内成员，不论是大咖还是新成员，都有积极展示自我的机会。类似这样的一些优质活动，能在很大程度上增强群内成员的活跃度。

社群赢利变现模式：让社群活下去

对产品运营者来说，运营社群是一个很实际的问题，毕竟没有谁愿意费那么大精力运营社群而不追求回报。换句话说，不产生变现的社群无法长久维持下去。

变现也是社群运营乃至产品运营恒久不变的目标。那么到底社群如何变现呢？下面我们以豆瓣小组“爱生活！爱家居！爱艺术！”为例来分析一下这个问题。豆瓣小组“爱生活！爱家居！爱艺术！”首页见图 8 -8。

在豆瓣社区中有一个“爱生活！爱家居！爱艺术！”的小组十分活跃，成为豆瓣家居小组中的佼佼者。该组的人数有 30 多万成员，可以说是豆瓣的一个超级庞大的家居社群。

组长（创建者）是斐儿，在公告中，斐儿是这样写的：

“诸位，本小组不是一个简单的讨论区，它是由一群臭味相投的爱生活爱家居的豆友们自发组成的一个小组。在这里，豆豆们 BS 那些所谓的品牌和权威，我们只信奉自己的真实生活体验。丢掉那虚荣的品牌崇拜吧，脱下你们那精致的西装，扔下那紧束灵魂的领带吧，变成自己想做的样子，挥洒自己不羁的创意天分，成为一个真正享受生活乐趣的豆友吧！”（见图 8－8）

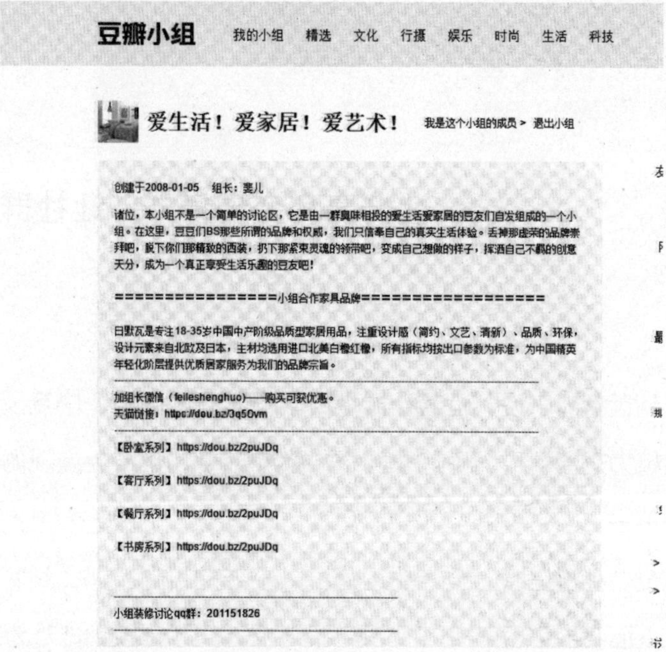

豆瓣小组　我的小组　精选　文化　行摄　娱乐　时尚　生活　科技

爱生活！爱家居！爱艺术！　我是这个小组的成员 >　退出小组

创建于2008-01-05　组长：斐儿

诸位，本小组不是一个简单的讨论区，它是由一群臭味相投的爱生活爱家居的豆友们自发组成的一个小组。在这里，豆豆们BS那些所谓的品牌和权威，我们只信奉自己的真实生活体验。丢掉那虚荣的品牌崇拜吧，脱下你们那精致的西装，扔下那紧束灵魂的领带吧，变成自己想做的样子，挥洒自己不羁的创意天分，成为一个真正享受生活乐趣的豆友吧！

===================小组合作家具品牌=====================

日默瓦是专注18-35岁中国中产阶级品质型家居用品，注重设计感（简约、文艺、清新）、品质、环保，设计元素来自北欧及日本，主材均选用进口北美白橡红橡，所有指标均按出口参数为标准，为中国精英年轻化阶层提供优质居家服务为我们的品牌宗旨。

加组长微信（feileshenghuo）——购买可获优惠。
天猫链接：httpc://dou.bz/3q5Ovm

【卧室系列】https://dou.bz/2puJDq

【客厅系列】https://dou.bz/2puJDq

【餐厅系列】https://dou.bz/2puJDq

【书房系列】https://dou.bz/2puJDq

小组装修讨论qq群：201151826

图 8－8　“爱生活！爱家居！爱艺术！”豆瓣小组

在该小组中，30 多万名成员每天都可以发布关于装修、家居的帖子，与其他成员一起讨论。

也许你会问，这样大规模的小组，是不是暗藏着变现的机会？事实上的确如此。

斐儿是一个很聪明的组长，他选择的变现方式很明显很有个性。

在小组公告中，除了介绍小组的核心文化和理念，斐儿还直接将小组合作家具品牌贴上去。例如日默瓦家居品牌，斐儿用一大段话介绍了日默瓦家居品牌，然后贴出了“加组长微信，购买可获优惠”，以及天猫店铺的链接，在下面还详细介绍了卧室系列、客厅系列、餐厅系列产品及分组购物网址，进一步给成员购物提供便利，当然这对斐儿的小组来说，也正是变现的渠道。

此外，组长斐儿还在小组话题中，将一些家具品牌优惠、折扣信息置顶（见图8-9），让小组成员一进入该小组话题就能看见，进而获得更多成交量。

最近话题 / 最热话题　　贴新闻　+ 发言

话题	作者	回应	最后回应
⇧ ♥灯具优店————家装节！！！	斐儿	334	05-24 20:26
⇧ ★原木家具优店——（买就送）——楢卓木邑	斐儿	17	05-04 21:00
⇧ 关于一个"社区"，讲述一段故事	绝望与风景	8	04-28 11:05
⇧ ★原木家具优店————日默瓦	斐儿	19	04-26 13:16
⇧ ♥生活优店————加家装节！！！	斐儿	367	04-26 12:53
⇧ ♥家具优店————加微信享折扣！！！	斐儿	397	04-24 13:53
大家装修有全包的吗？多少平方多少钱？	蜡笔小萌	28	05-25 11:05
预算不到1千元的老房子改造翻新	Victoria	91	05-25 10:32
#干花#手作#小礼物#复古vintage	elle~		05-25 09:56
★小组北欧风格装修案列合集！！！	斐儿	72	05-25 08:32
★小组出租房和二手房改造案列合集！！！	斐儿	28	05-25 08:32
★小组日式风格装修案列合集！！！	斐儿	76	05-25 08:32
【禁止转载】7000元包含家电改造五十多平方单身公...	Miya兔子	260	05-25 01:56
大家有没有洗完澡的小烦恼！强迫症的解决方案	唉呀1212	26	05-25 01:13
北欧北欧，感觉越装越装不下去了。。	夏筱满	24	05-25 00:04
北欧风？？也许吧 。装修ing....	泡泡龙	48	05-24 23:00
【晒新家】宜家简约，心中的抹茶绿~~44平，咬掉一...	Cqq-lilian	60	05-24 22:59

图8-9　“爱生活！爱家居！爱艺术！”豆瓣小组话题

当然了，该小组的赢利模式不限于此，组长以及其他核心成员还会定期组织一些会员缴费活动，帮助会员学习家居布置、室内设计等。如此一来，该小组的成员不仅更加活跃，该小组的变现能力也越来越强，该小组也就越来越有名气、越来越坚固。

从“爱生活！爱家居！爱艺术！”豆瓣小组社群运营案例，我们了解到，社群赢利变现的方式有很多种，下面介绍几种主要方式。

1. 产品变现

产品变现就是直接以产品为导向，在社群中通过对产品信息的不断更新来变现。典型的案例是秋叶老师以 PPT 教程为主的社群，秋叶老师通过不断开发新的课程并在社群中发布，来产生直接回报，因为这些 PPT 课程就是他的产品。这种方式也是社群运营最直接的变现方式。

在上述案例中，“爱生活！爱家居！爱艺术！”豆瓣小组的组长不断发布一些合作厂商的产品链接，吸引成员去点击并购买，这就是采取了产品变现方式。

作为产品运营者，产品变现是非常有效的变现方式，当然这需要产品在质量、款式、市场竞争中有足够的优势，如此才能实现变现最大化。

2. 会员变现

会员变现是很多社群尤其是微信群、QQ 群惯用的变现方式，通过直接收取会员费达到变现的目的。代表的社群有罗辑思维、秦王会等。加入这些社群之后，需要缴纳会费才能成为会员，成为会员之后可以获得更多高效优质的“干货”课程，或者福利待遇。这些社群往往对会员数量有限制，利用“稀缺原理”吸引更多想要加入的高级会员。

使用这种变现方式的前提是社群有过硬的实力，而且有知名大咖坐阵，此外还需要真正有实力的内部资源。否则，采取会员变现方式只能事倍功半，甚至会让社群“死”得更快。

3. 电商变现

电商变现是指通过销售商品实现变现。这在上述“爱生活！爱家居！爱艺术！”豆瓣小组的案例中就表现得十分明显。不仅该小组的组长发布合作品牌的电商网址，组内其他成员也可以将自己的店铺网址或者推荐的店家在小组话题中发布。这种方式与产品变现的方式有些类似，但是重点在于打造和渲染线上店铺。

社群发展趋势：打造社区 O2O 模式

想要做好产品的社群运营，必须跟随市场发展趋势。社区 O2O 模式是未来社群运营的发展趋势。社群不再是线上的微信群或者 QQ 群，而应该更多深入线下社区，打造线上线下联合的社区生活服务模式。

站在用户角度，社区 O2O 的模式应该是这样的：

第一，在自家小区内可以随时随地买到日常所需用品，不需要分头去各个地方买。类似于建立一个社区超市，但又不是像沃尔玛那样大而繁杂的超市。

第二，如果晚上回家太晚，害怕社区超市关门，那么用户可以通过手机提前下单，到指定的地方去取货。

第三，在手机上可以接收到社区内物业、管理、快递、缴费等提醒，并能在线解决问题。

事实上，只有满足用户的需求才能进行有价值的产品运营。互联网不是要改变人们的生活，而是要提升人们的生活品质，让生活变得更便捷、更有趣。社区 O2O 就基于此。产品运营要往用户需求的社区 O2O 模式发展。

广东链动网络科技有限公司（下面简称“链动网络”）打造的享选平台，其 1.0 模块与线下商家结合，用户在线下商家消费成功后，有机会获得享选平台的“享点”，用户持“享点”可以在享选平台抵现购买高品质的产品。享选不仅做到了让用户消费增值，同时也让线下商家借助享选平台进行日常店铺促销、锁定用户。

随着社群的发展，链动网络将矛头对准了社区 O2O，研发并推出“享选空间”产品，以“社区社交 + O2O + 共享经济”打造全新的社区社交 O2O 电商平台。随着享选空间的推出，虽然链动网络基于两个 APP 平台独立运营享选和享选空间，但享选空间起到了让两个平台之间互相辅助、共享运营的作用，加速了平台的发展。

链动网络的产品运营者打造的是社区服务一体化的内容运营。结合定位模式和共享模式，推出线下社区产品运营，放大线下商家的经营空间。

链动网络开发的享选空间，跟传统的 O2O 社区电商平台的另一个不同之处在于，其定位于提供共享空间服务，比如一家线下餐厅，非用餐时间点是餐厅闲置时间，入驻享选空间 APP 后，该餐厅可把此闲置时间作为共享空间，发布分享出租的信息，如 15：00 – 17：00 这段时间可以对外出租给有需求的用户，可以用来与朋友小聚、商务交流、喝茶聊天等，有这些需求的用户只要利用享选空间 APP 预约且按时付费给该餐厅即可，如此既提高了餐厅的利用率和收益，又给用户带来了便利。根据目前线下商业环境来分析，不仅餐厅有闲置的空间可以对外共享，酒店、便利店、美容店等众多商业体都有闲置空间可以用来共享并获得价值。

在享选空间的产品规划中，除了给予入驻的商户放大空间收益之外，还加入了O2O电商服务理念，入驻商户同样可以通过享选空间平台推广产品和服务，用户进入享选空间APP后就可以发现周边的生活服务设施。在这里，有众多针对社区的服务产品，如餐饮、家庭保洁、洗衣、汽车保养、快照冲印、洗车、搬家、生活缴费等。

例如，我们需要洗衣服务，入驻享选空间平台的洗衣商家将为用户提供上门取件服务，包括上门洗衣、洗鞋、皮具护理。换句话说，在享选空间平台，用户可以用手机一键预约上门洗衣服务。当然，用户也可以在线上支付，线下去附近指定的店面享受服务。

另外，享选空间植入社区社交功能，社区内的居民可以通过享选空间平台建立邻里关系，更了解自己所居住的社区，此功能与传统社交平台不同，既有社区O2O电商的功能，又能拓宽用户在本社区的生活圈子。

对享选的用户来说，这种全新的社交O2O电商方式让他们有了更多体验。对入驻享选的商户来说，加入附近社区O2O群体，也让线下店铺更高效地运营下去，还可以获得额外的收入，除此之外，附近的用户形成一个社群，集中在享选中，这让更多的人去线下店铺享受服务。这就是社区O2O未来的发展趋势，也是最容易被社区、用户和商户接受的生活方式。

享选的做法给了很多产品运营者一个启发：产品想要围绕社区打造O2O模式并非那么复杂。下面我们来介绍几种打造社区O2O模式的方法。

1. 以小区社交为切入点

不仅是享选，还有很多企业也推出社区服务产品做零售配送，不过做陌生人的社区服务的确有些难，这需要在陌生人社交背后设立一段利益链。比如小区拼车、邻里间互相寄养宠物等。这种模式更适合社区社交。

产品想要打造社区 O2O 运营模式，可以先找到一个或者多个目标小区，然后建立社区群，为用户提供 O2O 便利服务。

2. 做“最后一公里”配送

打造社区 O2O 运营模式，还需要明确一点，即企业是自建物流还是利用闲散资源配送。

自建物流配送需要很大规模的运营规划，要时刻计算成本，但也有一定的优势：好控制。相反，利用闲散资源配送，让小区周边的各种小店主有利可图，愿意“跑腿”，尤其是做生鲜产品的配送。例如“饿了么”是一个外卖 APP 产品，在饿了么上面有一个“果蔬生鲜”版块，如图 8－10，用户可以在这里购买附近店铺的果蔬生鲜，饿了么会为用户配送到家。很多店铺还会为用户提供“半成品”蔬菜、切好的水果等服务。

做“最后一公里”配送，其实不只要具备在某个小区周边配送的能力，还要具备同城配送的能力，只有这样才能在各个社区间游刃有余。“饿了么”、“美团外卖”、“百度外卖”等 APP 在这方面就做得很好，实现了高效运营。

3. 做垂直服务

事实上，产品运营者要想打造社区运营 O2O 模式，还可以走垂直服务路线。例如美甲、按摩、美容等产品推出的上门服务，比如“河狸家”、“e 袋洗”、“e 洗车”等。

产品从垂直领域切入会相对比较容易实现高效运营。当然，这需要产品运营者为用户提供互联网平台，例如微信小程序、手机 APP 等。

图 8-10 “饿了么”APP 中的“果蔬生鲜”版块

无论是什么类型的产品运营，打造社区 O2O 运营模式最终的目的是为用户提供综合服务。让产品服务于社区用户，就等于积累了大量的社区用户，这对社群运营来说是一个非常好的基础，也是未来发展的大趋势。

社群避险措施：让社群友谊万古长青

社群虽然是产品运营者必需的运营主体，但这并不等于建立了社群就能获得成功。想要让社群运营走得更远，就要避开一些常犯的错误。换句话说，绕开那些“坑”走，才能让社群运营更加稳固、更加长远。

本节我们就来总结一下社群运营中必须绕开的“坑”。

1. 以为社群就是微信群

很多产品运营者一提起社群，就认为是微信群。事实上，这是很常见的错误。虽然微信群是大家最容易接受，最常见的社群，但是社群并不仅仅包括微信群。

在本章第一节中我们说过，社群是指有共同属性（如爱好）的人的集合体。而社群运营就是通过运营的手段，集合这些人并使这些人活跃，使他们与产品有持续、多频的联系。

因此，任何可以让有共同属性的人群聚集在一起的社区都是社群。微信群、微博群、QQ 群是社群，豆瓣小组、贴吧、论坛也是社群。

产品运营者不能仅仅将精力集中在微信群这一个领域中，而是要多方运作社群，甚至包括运作线下的社群，例如组织一些线下社群活动，这也是社群运营的方式。

2. 一开始就希望社群成员带来贡献

社群运营者往往一开始没做预算，也没做长远规划，以为只要多建立几个社群，多拉一些新的目标用户，就会拥有第一批用户，接下来再做一些管理工作，每天在群里发布商品卖货就可以了。甚至有些社群运营者一开始就给自己定下目标，如“先卖 10 万”。

事实上，这种方式急功近利，不可能长久。

想要长久地运营社群，就不能一开始就希望社群成员做贡献。社群运营者想的应该是如何用最简单的理由让用户喜欢并且主动进群，这就需要社群运营者编写具体、细致、有辨识度的文案，还要计划好在群内进行什么样的活动，采取什么样的方式持续为成员提供更多价值。推荐采取制造话题、组织高质量的活动等方式进行运营。

3. 隐藏社群的目的

社群运营者往往在运营过程中隐藏自己建群的目的，或者不告诉用户社群促进产品营销的目的。这样做其实很幼稚。因为随着时间的推移，成员慢慢就会发现社群运营者的销售目的。如果社群运营者企图隐瞒，当成员发现其真实目的时，自然会有被骗的感觉，然后会对社群失去信任甚至退群，给群带来更多负面影响。

与其这样，不如在一开始，社群运营者就真诚地告诉成员其运营的目的是什么。这样做不仅对成员公开透明，更是对产品运营者身份负责。只有坦诚地运营社群，才能顺畅自如。

4. 发红包可以解决一切

很多社群运营者认为，一旦社群不活跃，就可以用发红包来使社群活跃。他们以为发红包可以解决一切问题。事实上，这个方法并不是万能的，发红包还须谨慎。发红包不当很容易激发粉丝贪小便宜的心理，甚至破坏社群氛围，违背运营的初衷。

如果不得不发红包，建议发一些“大”红包，尽量不要发那种几毛、几块钱的小红包，要发就发大的，让大家有所感知。

5. 走入“梅特卡夫定律”

所谓“梅特卡夫定律”，是指网络的价值与网络规模的平方成正比，具体表现是网络价值与网络节点数的平方、用户数量的平方成正比。

打个比方，如果在这个世界上只有两个人使用手机，自然就不会产生苹果、三星公司，也不会出现中国的三大通信运营商。

很多运营者在运营社群时，往往会掉进“梅特卡夫定律”中，例如给自己在第一年设定巨大的目标。

社群运营者一定要明白，社群不单是一群人的聚集体，而是价值观接近的人聚集在一起。如果我们把互联网的理论硬搬到社群运营中，就等于给自己挖坑。

例如，“摩拜单车”是一个基于互联网诞生的产品，只要用户体验好，用户就会去用，这和价值观没什么关系。但是一个关于“摩拜单车”的社群就不同，想要在短时间内找到众多价值观接近的用户，就要不断输送内容，线上线下互动非常困难。

因此，想要走出“梅特卡夫定律”这个坑，我们需要一个强化社群的模式：“社交＋本地＋移动”（由美国投资大咖约翰·杜尔提出）。换句话说，运营社群，做深、做透、做精才能真正影响一批人。

6. 时间久了，内容就枯竭了

社群运营者需要用大量的原创内容吸引用户、使用户活跃，但是，原创内容持续高频输出不是一件易事。

社群运营者应该感到庆幸，如今获取知识的渠道有很多。这有利也有弊，因为社群成员获取知识的渠道也有很多。因此，社群运营者很容易进入内容枯竭阶段。

想要走出这个坑，社群运营者需要在做原创内容的基础上，多从那些高质量的群和其他渠道吸取经验，甚至转载一些与自己社群用户精准匹配的内容，持续发送。

此外，还可以开设一些创新活动，例如直播、投票等活动，随机产生更多新内容。必要时还可以增多线下活动，与群友深入互动，也能产生一些新鲜的优质内容。

第九章

数据运营：由横向到纵向思维导图

任何产品运营者都不敢说自己的运营是完美的，再好的运营也有纰漏。因此，产品运营者必须要做好数据调查和分析工作，通过数据信息和用户反馈发现运营中的不足，弥补失误，为下次运营做好准备。

数据化运营四步走流程

产品运营离不开数据，因为数据可以帮产品运营者分析和反馈信息，也可以帮产品运营者认识到不足。

如今是数据时代，每个企业都讲究数据，每个产品也都讲究数据化运营。数据化运营已经成为有经验的产品运营者的必需品。

随着互联网、媒体、用户、市场的发展变化，企业产品运营逐渐由粗放式走向精细化，以此实现广告投放效率最大化。

数据分析的好处在于可以对目标用户群体或者个体进行特征画像追踪，分析用户在某个时间段的特征和习惯，向用户提供专属服务。

数据化运营并非口号，而是有实际的流程，主要分为以下四步。

1. 数据收集

数据收集是产品数据分析的第一步，也是整个数据化运营的基础。

数据收集伴随产品运营全过程，无论是初级阶段还是中级阶段，无论是测试还是评估，都要用到数据收集。产品运营以用户为核心，数据收集的重点是收集用户的需求数据。

数据采集方法主要有问卷调查、用户访谈、提问答卷、数据工具等。

产品运营者要设计一系列针对性的问题，通过互联网等方式大面积铺放调查，最终导出特定信息，完成数据收集。

2. 数据处理

产品运营者收集完产品数据，接下来的工作就是数据处理。数据处理顾名思义，就是对数据的存储、检索、加工、变换和传输。数据处理的基本目的是从庞大的数据中获取对产品运营起到帮助的数据。

如今数据处理不再是人工，而是有专门的工具，以及各种各样的数据处理方法。但是，不管使用哪一种数据处理工具和方法，都需要遵循不变的原则。

（1）简约原则。在处理数据时，产品运营者要选择有用的数据，丢掉那些没有意义的数据。按照简约原则对数据进行简化，这样处理过的数据才是精炼和有分量的。

（2）定义原则。产品运营者需要对不会说话的数据进行定义。换句话说，所收集到的大数据究竟代表了什么，需要给它下一个定义。这就要考验产品运营者的感悟、分析、推理、判断和阐释等能力。只有对数据下了定义，才能挖掘出数据背后隐藏的真正有价值的信息。

3. 数据分析

数据分析是数据化运营的核心环节。主要是指用适当的统计分析方法对收集来的大量数据进行客观分析，提取有用信息，形成结论，并对数据加以详细研究与概括总结。

我们可以用“5W2H 法则”来进行数据分析，“5W2H 法则”即做这件事的原因（Why），具体做什么事（What），什么人去做（Who），什么时间去做（When），在什么地方做（Where），怎么做（How），做到什么程度（How much）。这个法则应用相对广泛，可用于用户行为分析、业务问题专题分析、营销活动分析等，对产品的决策和执行性的活动措施能起到非常大的帮助，也有助于弥补一些数据缺失和缺陷。

产品运营者还可以利用逻辑树或者思维导图来进行数据分析。思维导图见图 9－1。将问题的所有子问题分层罗列出来，从最高层开始，逐步向下扩展。这可以帮助企业理清产品思路，避免对产品进行重复和无关的思考。

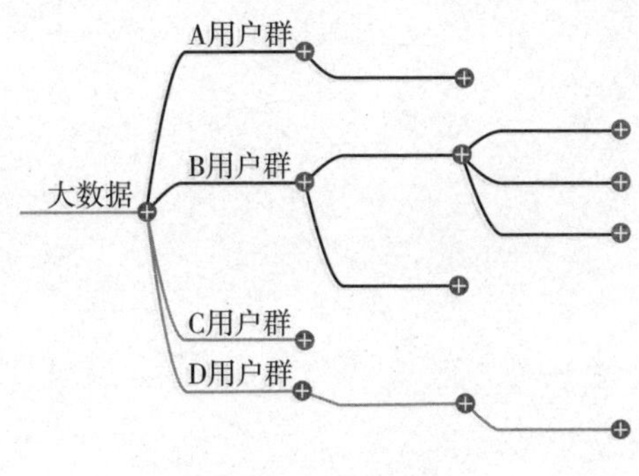

图 9－1　思维导图

产品运营者还要强化和分析用户行为数据。主要从用户对产品的认知、熟悉、购买过程出发。这方面，产品运营者可通过用户行为理论，梳理各关键指标之间的逻辑关系，构建符合实际业务的分析指标体系。

4. 数据展现

完成数据分析之后，接下来要把分析得到的数据通过某种方式展现出来。数据展现非常关键，展现得当，企业才能快速得到准确的信息。通常情况下，数据展现采取的是可视化方式。

数据可视化是指把每一个数据项目作为单个图文元素表现出来，这样企业就可以从不同的维度观察产品数据，从而进行更深入的观察和分析。同时，产品运营者还要将数据导成图片展示出来。常见的数据展现模式有柱状图、饼状图、拆线图、雷达图等。这些图都有专业的制作工具，产品运营者可以自行了解并学习，在这里不再赘述。

用户数据分析：了解产品活跃度，提升运营实力

产品运营者对产品运营的每一次改进都要根据数据来进行，数据的作用非同小可。产品运营中，有几个关键数据点是不能少的，产品运营者需要分析并掌握它们。

我们以互联网产品为例，来具体分析这些关键数据点。产品运营中的五大关键数据点见图 9－2。

关键数据点				
UV数	访问次数	页面停留时间	跳出率	转化率

图 9－2　五大关键数据点

1. UV 数

UV 数，简单来说是指每天的用户访问量。对互联网产品运营者来说，

UV数是非常重要的数据点。

在这里，我们首先要区分几个访客数的概念。

UV数：也称独立访客数，访问网站的一个电脑客户端为一个访客。00：00－24：00相同的客户端只能算一次，即当天有多少台电脑访问，一般以COOKIE来统计。

独立IP数：指当天记录的唯一的IP数，一般根据IP地址来统计。

PV数：指同一个IP地址，不同的电脑访问过的数量，即页面浏览量或点击量，用户每次刷新就算一次。

综上所述，UV数主要是以COOKIE为依据进行统计的，每个电子产品的COOKIE存在明显的差别，所以，UV数比IP数更真实准确地反映用户数量。

关注产品的UV数可以让企业了解产品的活跃度以及新增用户量。如果新增用户量减少，企业就需要考虑进行一些拉新活动。

2. 访问次数

访问次数与UV数是不同的概念，访问次数是指访客完整打开页面进行访问的次数。访问次数是页面访问速度的衡量标准。如果访问次数明显少于访客数，说明用户没有完全打开产品页面时就关闭了。如果出现这种情况，企业就要检查一下页面的打开速度是否足够流畅。一般来说，访问次数是大于UV数的。

3. 页面停留时间

页面停留时间指的是用户花费在一个网站页面上的时间，也可以理解为用户总共在浏览产品信息上面花费的时间。企业为什么要关注页面停留时间呢？产品运营者关注页面停留时间的作用见图9－3。

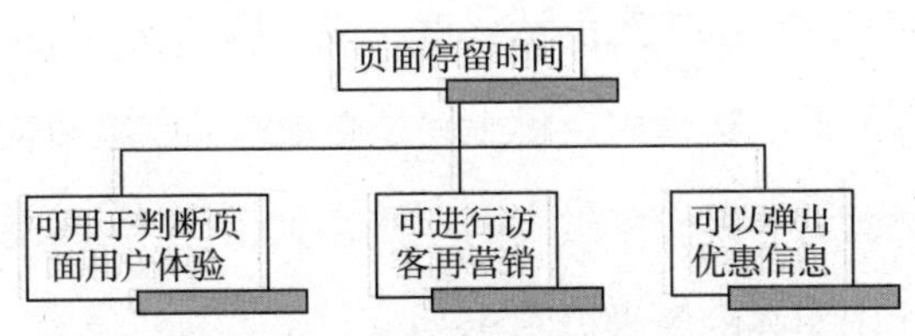

图 9－3　产品运营者关注页面停留时间的作用

（1）可用于判断页面的用户体验。

产品运营者必须清楚，页面停留时间是在用户产生后续行为的情况下统计出来的。因此，通过对比分析每个页面的停留时间，就可以得出用户停留时间长或短的原因。

如果用户在搜索结果页面停留时间较长，那么分析判断，很可能是因为搜索结果不能让用户满意。如果用户在列表页面停留时间过长，可能是因为产品在列表页筛选方面做得不够人性化。如果用户在产品尾页停留时间过长，有可能是因为尾页展示的内容过多或用户难以找到想要的内容。

由此，产品运营者可以下次改进完善。

（2）可进行访客再营销。

产品运营者可以记录下那些在页面浏览时间很长，但最后没有完成购买行为的用户数据，然后对这些用户进行再营销。

（3）可弹出优惠信息。

当用户在产品页面停留时，产品运营者可以抓住这个契机，弹出产品的优惠信息，促进用户购买，实现成交。当然，也可以弹出温馨的客服窗，为用户解决困难，促使用户下单。

4. 跳出率

跳出率是指用户进入产品页面之后，仅浏览了一个页面就马上离开。观察跳出率对产品运营者来说也是一个非常重要的环节。跳出率可以让产品运营者知道用户对产品内容的认可度，或了解产品对用户到底有多大的吸引力。在互联网产品运营中，跳出率是衡量产品内容质量的重要标准。

很多产品运营者为跳出率过高而担忧，到底是什么原因导致产品的跳出率过高呢？跳出率高的原因见图 9－4。

图 9－4 跳出率高的原因

（1）关键词不够精准。

选择正确关键词的前提是对产品有充分的了解。产品运营者首先要充分了解自己的产品，了解用户的点击行为，然后根据用户反应和用户行为定位关键词的匹配度。关键词精准了，最终的转化率也会更高，并且可以有效节省产品推广成本。

（2）网页速度过慢。

如果打开产品页面的时间超过 3 秒，用户跳出几率就会大大增加。因此，一定要提高页面打开的速度。

（3）广告太多。

很多产品运营者为了赚取广告费，把广告的载入顺序优化——先载入广告再载入产品内容。过长的广告载入时间会直接导致用户关闭页面。

（4）URL 不准确。

很多时候，产品运营者不知道，链接太长可能会使系统无法完全识别链接。越短的 URL 越有利于产品推广，也能在很大程度上减少跳出率。

5. 转化率

转化率指的是在一个统计周期内，完成转化行为的次数占推广信息总点击次数的比率。转化率是一款产品最终能否赢利的核心，提升产品转化率是产品综合运营实力的结果。产品运营者要特别注重转化率的数据分析。

竞品数据分析：快速把握市场，掌握运营新玩法

产品运营者要通过竞品数据分析为制定产品规划提供可靠的依据和帮助。竞品数据分析对初创企业来说更是不可或缺的，通过对竞品的数据分析可帮助产品运营者快速熟悉并把握市场。对成熟的企业来说，通过竞品分析可以掌握互联网产品运营的新玩法并优化方向。

关于竞品数据分析，产品运营者需要掌握“四部曲”：明确竞品目标、明确做竞品分析目的、搜集资料、持续跟进。竞品数据分析流程见图9－5。

1. 明确竞品目标

竞品数据分析，首先要明确竞品目标。

（1）直接竞争者，包括市场目标方向一致、用户群体基本一致、产品功能相似度极高的产品。

（2）间接竞争者，市场用户群体目标不一致，但是在产品功能需求方

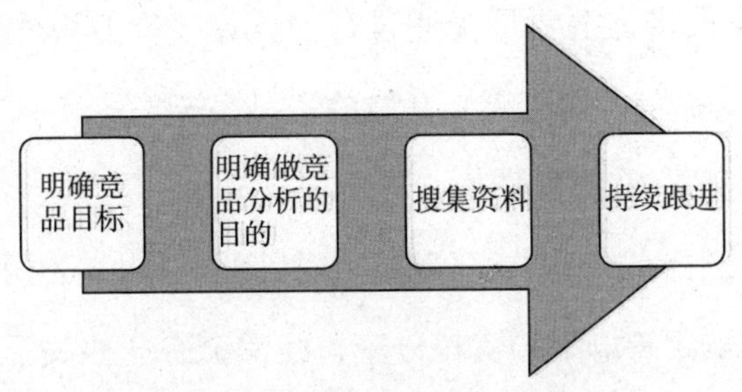

图 9－5　竞品数据分析流程

面互补的产品。

(3) 同行业不同模式的竞争者。

2. 明确竞品数据分析的目的

竞品数据分析可以是针对产品在所在的市场做宏观的分析，也可以是挑选某一款或几款竞品做细致入微的调查，从需求、功能、优劣势等方面进行分析。

必须清楚竞品数据分析的目的：一是了解目标市场的容量、市场规模、竞品所处位置、核心功能等，然后指导自己的产品进行相关改造、改进、优化、差异化；二是单点突破，走差异化路线，设计独特的卖点。

成熟的产品运营者往往集中分析竞品数据，而且将其当作重要的长期工作，并非临时起意。

3. 搜集资料

前文提到，竞品数据分析是产品运营者的长期工作，随时随地搜集竞品数据资料。通常情况下，进行竞品数据分析，首先要有一颗对数据和信息异常敏感的心。

一般情况下，竞品数据来源有以下几个。

(1) 行业报告。

所谓的行业报告，主要是指通过行业网站、行业里的大咖或者领袖（从他们的微博、微信、博客等）获取的资料报告。

（2）公司内部、外部资料。

公司内部、外部的一些共享资料。包括团队群组、公司外部相关行业的QQ群、微信群组等群组的资料分享，经常会有一些关于行业、竞品的趋势报告和信息。

（3）用户。

通过用户访谈、用户回访等环节，与用户交流，获取用户对自己产品和竞品的不同看法，产品运营者可以对两者进行比较和分析，得出报告资料。

（4）长期关注竞品信息。

产品运营者选择竞品目标之后，可以坚持长期使用这款竞品，并关注竞品的企业员工或者服务人员的空间论坛等，还可以关注竞品的官方网站和公告，获取更多关于竞品的有效信息。

（5）与行业相关的专业书籍、杂志。

进行上述等多方面的长期观测之后，产品运营者就会很轻易得出一份有价值的竞品分析资料，之后就要定期整理并且写出书面的竞品分析资料文档。

通常情况下，一份竞品分析资料文档的结构应该是这样的：首先对行业现状和市场趋势进行分析；然后分析竞品的定位和发展策略；中间部分主要阐述对竞品的分析，包括竞品的目标用户、产品市场占有率、功能、交互特点、产品优势、推广工作；最后做出总结，总结自己产品需要做出的改进。

4. 持续跟进

竞品数据分析需要长期的过程，产品运营者如果决定着手进行竞品数据分析，就一定要持续跟进。

以唯品会 APP 产品为例。如果你也做电商 APP，那么唯品会 APP 可以被当作竞品。优秀的 APP 都有固定的版本更新周期，譬如一个月更新一次。在了解竞品资料分析之后，接下来就要持续观察唯品会 APP 每次的版本更新情况，原则上，唯品会的产品运营者至少每个月会配合唯品会 APP 的版本升级做一次详细的竞品分析报告，详细记录唯品会 APP 每次版本升级的变化和优势。持续几个月之后，你会发现竞品分析报告对你自身的 APP 产品运营有很大的帮助。

营销数据分析：建立线上营销模式，了解线下用户的分布区域

移动互联网大潮来临，在移动互联网的大背景下，线上线下营销的边界越来越模糊。在这之前，线上线下处于对立状态。有了移动互联网后，产品无论是售前、售中还是售后，都可以相互协同、共同发展，同时，边界正在逐渐消失。

很多企业已开启线上线下产品同时运营模式，线上线下全渠道趋势十分明显，线下的企业正在不断尝试线上电子商务销售渠道。

进行线上线下产品运营时，我们需要对营销数据进行分析，通过数据了解线上线下产品运营的效果，并总结经验。

在互联网行业流行这样一句话：“二流的商家看的是流量，一流的商家看的是数据。”在线上线下进行产品运营时，如何对线上线下的营销数据进行分析呢？我们先来来看看优衣库的做法。优衣库网站页面截图见 9 –6。

图 9－6 优衣库网站页面截图

优衣库（UNIQLO）是日本的服装品牌，原本是一家专门销售西服的小服装店，经过数年的发展，成为了国际知名服装品牌。优衣库通过引进大卖场式服装销售方式，采用独特的商品策划、开发与销售体系来实现店铺运作低成本化，从而引发热卖潮。

优衣库考虑到中国的电商体系日益成熟，与实体店模式相比，电商的优势愈发明显。但是，像优衣库这样的传统企业不可能放弃实体店模式，一方面是因为实体门店兼具线下广告的品牌效应；另一方面，传统的企业在依托第三方平台时，会自建电商渠道来增加主动权。

于是，优衣库在中国推出了免费派送活动。这是优衣库的一个全球项目，每年会在不同国家举办。该活动通过线上线下结合的方式向用户免费发放新款衣服。在 2013 年、2014 年，优衣库在全球范围内免费送出 10 万件和 20 万件新款衣服。

优衣库的具体做法是：在总部日本，采取官网报名申请，用户凭借领取码可以到线下的门店领取；在日本以外其他的国家，优衣库民众基础很弱。所以，它选择与第三方平台合作。譬如在中国，优衣库免费派送选择了和支付宝钱包合作，用户可以在优衣库的支付宝钱包服务窗申请领取，凭领取码再到线下门店领取衣服。支付宝钱包在中国拥有上亿用户，这些用户基础是优衣库短时间内无法达到的。

优衣库从线下走到线上，有自己的喜与忧。其成长过程是一个历经无数次失败的过程，但是，正是从这些失败中所学到的经验和教训，让优衣库走向了成功。

下面，我们结合优衣库的线上线下营销总结一下如何对线上线下营销数据进行分析。

1. 线上营销数据分析

以营销传播的载体划分，营销分为线上营销和线下营销。线上营销是指利用电视、报纸、互联网、户外、电影院、杂志、广播这七大媒介为载体所进行的营销。

线上营销的优势在于，所有的商家无论大小一律平等，具有明显的价格优势，商家与用户可以零距离接触。这是迄今为止效果最理想的营销方式之一。

一般而言，线上营销的最终目的是实现销售。对线上营销数据进行分析，优衣库是这样做的：

优衣库在中国的免费派送活动采取的是与支付宝钱包合作的方式，把"海选"的流程搬到线上。通过调查，优衣库认为，如果采用线下免费送的模式，不可避免出现现场秩序难管理、门店人流大排队、用户体验差等问题，运营的成本会大大增加。而采用线上平台这些都可以解决。通过对线上支付宝平台的数据分析，优衣库认为支付宝钱包完全能够根据不同人群的地域分布、消费喜好、行为偏好、生活半径等情况，把优衣库的活动信息成功推荐给目标用户，还可以在推送时设置优衣库新老用户比例。

优衣库不是简单地进军网购，其主要是通过线上产品来强化用户对优衣库品牌与产品的认知。通过对线上营销数据进行分析，建立有效的线上营销模式，为优衣库的产品运营带来了很好的效果。

线上营销数据分析，可以通过产品内容展示（如点击量）、转化（如付费人群、付费金额）、产品内容扩散（如分享次数、回流率）等形式进行。以淘宝网店铺的产品为例，可以通过店铺后台采集数据，创建综合统计分析表，把数据间可能的逻辑关系列出来进行分析；“扫描”数据，创建同比分析报表；还可以对用户的线上购买行为进行分析。

2. 线下营销数据分析

线下营销是指采用店面管理、终端销售团队管理、促销活动、促销品营销、活动公关等手段，给用户提供“一对一”品牌宣传、产品助销服务。

与线上营销相比，其优势在于能更好地与用户沟通、提升品牌形象，扩展用户群体，提高品牌利润，时间短、见效快，各种资源优势可以互补。

线下营销数据分析可以给商家带来很多便利，比如开店选址。传统商家开店选址前一般大概估计人流量，目前，借助互联网公司数据罗盘对线下营销数据进行分析，可以让商家清楚目标用户主要分布在哪个区域，在哪个地方开店最合适。

优衣库通过线下营销数据分析，已在北京、天津、上海、南京、成都、广州、青岛、石家庄、杭州、沈阳、大连、济南、武汉、哈尔滨等重要城市设置了门店。

如何进行线下营销数据分析呢？我们可以通过市场调查，了解用户需求、购买能力和购买情况，把调查结果汇总整合，创建分析报表；掌握历史数据，从历史数据中归纳规律（例如什么节点数据下降，什么节点数据上升，找出其原因，形成经营等等）。

当然，在进行线上线下数据分析时，产品运营者态度要客观，一定要遵循原则。

KPI 数据分析：评估推广结果，引进有需求用户

KPI 即关键业绩指标，指的是通过对组织内部的某一个流程输出端、输入端的关键参数进行取样、设置、分析、计算，衡量流程绩效的一种目标式量化管理指标，是把企业战略目标分解为可运作远景目标的工具，也是企业绩效管理系统的基础。

在进行产品运营时，也需要关注 KPI 指标。不同的产品其特征不同，KPI 指标侧重的内容也不同。对于电商产品来说，KPI 指标会更偏向于交易数据——交易额、销售指标等；对于社交类产品来说，会更加注重用户的留存、活跃度等。如果运营偏向产品的话，KPI 则侧重用户投诉、体验等；如果运营偏向内容的话，KPI 则侧重转发量。

在进行产品运营时，需要关注的 KPI 指标有以下几点。

1. 产品点击量 KPI 指标

产品点击量是指在某段时间内某个产品被点击浏览的次数，它是针对

产品被点击的一个新量词。

那么，什么是产品点击量 KPI 指标呢？对产品点击量 KPI 指标的描述见图 9－7。

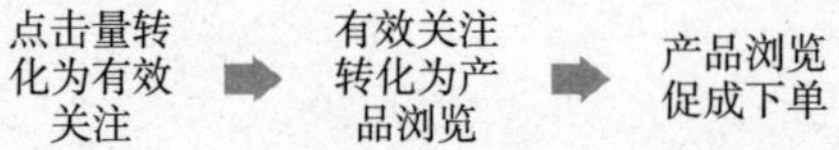

图 9－7　对产品点击量 KPI 指标的描述

点击量要真正转化成对产品的关注，并不是随随便便靠推广一篇无关乎我们产品内容的文章就可以做到的，随随便便靠推广一篇文章达不到我们想要的宣传效果。我们想要触及的用户群体必须是能够产生有效阅读量的，如果用户群不是我们想要的，那么，获取再多的阅读量都是没有意义的。

例如，“百度竞价”在调查推广结果展现时，根据数据显示，用户对推广感兴趣，希望进一步了解产品或服务，才很有可能会点击、访问推广网站。其点击量指的是在一段时间内，推广网站所获得的点击次数。

用户平均每次点击所产生的消费，即在一定时间、一定范围内，用户每次点击、访问所支付的费用。点击量是影响关键词质量的重要因素，有助于评估推广的质量。点击量越高，说明用户越认可我们提供的产品或服务。因此，产品点击量 KPI 指标是产品运营者真正需要关注的 KPI 指标之一。

2. 产品内容转发量 KPI 指标

产品内容转发量指的是产品以内容的形式展现在用户面前，用户通过对内容的阅读，对内容产生兴趣，从而进行转发。产品内容包含很多种方式，譬如，可以通过自己发电子报、杂志、DM 和企业博客等品牌客制化媒体来做，还可以通过四处找人写文章，与杂志合作等方式来介绍新产品。

那么，产品内容转发量 KPI 指标指的是什么呢？对产品内容转发量 KPI 指标的描述见图 9－8。

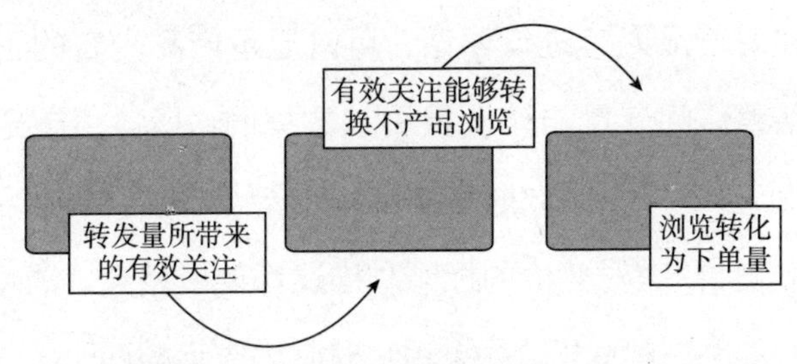

图 9－8　对产品内容转发量 KPI 指标的描述

用户通过对产品内容进行转发可以带来有效关注，其核心数据不会发生改变。转发量越高，其引发的阅读量也就越多，那么，就可以成功带来更多的有效关注，这主要看所触及的用户群体能不能达到预期效果。

在获取有效的关键用户之后，要吸引用户进入到产品里面进行浏览、操作等一系列行为。因此，做好内容到产品转化的链条是十分关键的。首先，在内容的衔接上，必须要有爆点、要毫无违和感；其次，在产品浏览上必须要保持与内容一样的连贯性。

一般情况下，这个步骤主要存在于电商、O2O 模式格局之下的行业，指的是产品内部的转化下单过程。在这个转化的过程中，通常是对内容转化率一个保障核心数据的印证。倘若只是针对阅读量这种数据来进行监控，根本无法印证这些核心转化数据。

因此，对产品的内容有一定的要求。还是以“百度竞价”为例，内容不一定要多，但是却很精致，十分有创意，因为除标题外，创意是最能够提高用户转发量的。创意清晰明了，有助于引进有需求的用户。

3. 产品内容评论数 KPI 指标

评论是属于一种政论性新闻体裁，指的是针对最近发生的、具有普遍意义的新闻事件或迫切需要解决的问题发表议论、讲道理或直接发表意见文章等。

用户通过对产品内容进行评论，可以显示产品内容的正确性和传播性。评论是给整体阅读量与转发量贡献数据的，所以，产品内容评论数 KPI 指标支持以上 2 个核心数据的辅助。对产品的内容要求很高。

在“百度竞价”，对竞价的标题和描述都要求精致、清晰、明了，要让用户第一眼能明白其意思。如果用户对其内容模棱两可，没有很明确地理解，那么，就会造成用户点击进入后，发现不是自己所需要的产品的情况，导致用户流失。因此，在关注 KPI 指标时，产品内容评论数 KPI 指标不容忽视。

A/B 测试数据分析：解决产品优化痛点

A/B 测试是一种可以优化产品的方式，目前已经被广泛应用于国内外的企业中，最典型的应用案例代表是谷歌、阿里巴巴、百度等互联网巨头公司。

A/B 测试的含义是为 Web 或 App 界面或流程制作两个（A/B）或多个（A/B/n）版本，在同一时间维度，分别让组成成分相同（相似）的访客群组随机的访问这些版本，收集各群组的用户体验数据和业务数据，最后分析评估出最好版本正式采用。

我们在这里重点提一下，为什么大多数的互联网产品都要使用 A/B 测试呢？当然这主要基于 A/B 测试可以解决目前产品优化中的四大痛点。

第一，产品依靠传统经验的决策方式。

很多企业在做决策时，往往会依靠产品直觉、视觉等方面的经验进行产品优化方案，或者有些产品经理会凭借过往经验来决定产品在未来的发展方向。

实际上，这种方式不但不会取得太大成果，反而会阻碍人的创新思维，导致很多想法缺乏实践性，时间久了会影响产品发展，同时也会影响整个企业的发展。

第二，后验导致开发成本高。

后验指的是产品发布以后再去收集数据验证指标。很多企业对数据越来越重视，因此通常会先把产品发布出去，然后再继续数据采集，过一段时间后沉淀再去判断哪个版本更好。然而，在用户流量很大的情况下如果不先实行小流量测试就直接上线，很可能会造成大批量用户流失。

第三，忽视细节改变问题。

有些企业不认为一些细节会对产品造成很大负面影响。事实上，越是优秀的产品越是由细节组成。如果企业用 A/B 测试从一个点击、一张图片或一句文案等来进行改变时，也许就能累积出一个爆发式的增长。

第四，流程复杂周期长问题。

如果企业有很多方案需要验证，那么进行排期法就需要每个方案上线之后，进行数据分析得出后的结果，然后再安排另一个方案上线。这种方法并不完美，因为企业的方案不是针对同一类用户设计的，而在不同的排期用户是会变化的，因此这种方法并不适合。

1. A/B 测试特性

了解 A/B 测试的意义之后，接下来要看一下 A/B 测试的特性。

A/B 测试具有三大主要特征：先验性；并行性；科学性。

企业抓住了这三个特性，就能利用 A/B 测试做好产品优化工作。

在这里，我们可以看一下滴滴出行是怎么做的。

滴滴出行为了提高注册司机的转换率，同时又降低招募成本，于是在产品优化方面设计了很多版本的司机入驻着陆页。

原始版本的着陆页在图的最左边，有一句话“任何时候去成就更多人”。这个版本的形式吸引了人们的视觉，但是在转换率方面却并不理想。于是，滴滴出行的运营者为了提高司机转换率就继续优化产品。

于是他们做出了这样的着陆页面。在着陆页面的一句话中加入了一些关键元素，如“自由工作，更高收入，美好出行你我共享”（见图9-9）

图9-9　滴滴出行的着陆页面“自由工作，更高收入，美好出行你我共享”

这样的着陆页面突出的是入驻滴滴出行的优势，并且优势体现在两个关键词中——“自由”和“收入”。这样直接可以打开欲注册司机的心扉，吸引大量用户入驻。

再后来，滴滴出行为了更加优化产品，设计了两款更新的着陆页面：“欢迎加入滴滴，无车也能做司机赚钱”和“上下班顺路接一单，我的油费全省了，成为顺风车主，一年轻松收入15000”。(见图9－10、9－11)

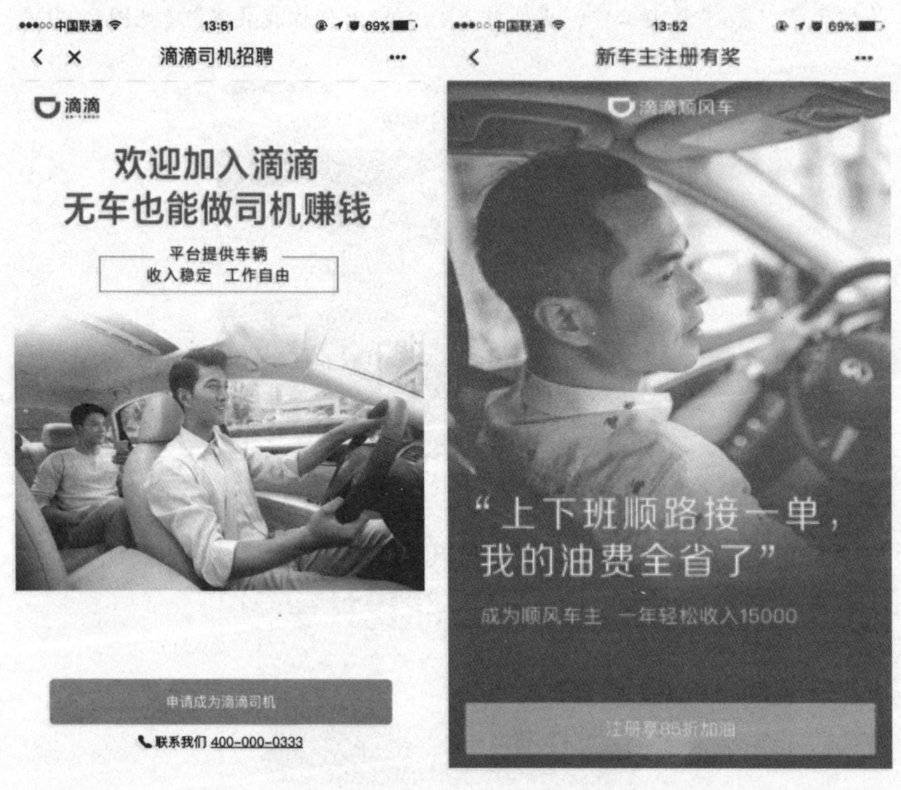

图9－10 滴滴出行司机入驻优化之后的着陆面1　图9－11 滴滴出行司机入驻优化之后的着陆面2

这两个最新着陆页面共同体现的是“利益”，着重突出了开滴滴的最直接利益，即能够获得额外的奖励或者赚更多的外快。

这两个新版的着陆页面的注册率很明显要好于原来的版本，为什么呢？从最新的优化页面来看，“上下班顺路接一单，我的油费全省了。成为顺风车主，一年轻松收入15000”这句话几乎满足了所有想要做滴滴顺风车司机的欲望，而且直接提出成为滴滴司机的好处。同时，在下方还有一句话“注册享85折加油”，这大大提高了有效点击率。滴滴快车就是通过优化着陆页来降低获客成本，提高了注册司机的转换率。

从这个案例可以看出，A/B测试的先验性：先让部分小流量的代表性用户使用产品，再根据他们的反馈数据，决定产品是否要正式对外发布。先验性的优势在于只需少量样本数量，就能够获得代表全部样本的确定性结果。在产品发布前进行先验性测试不仅可以减少产品损失，也减少了企业的测试成本。

并行性：可以把两个或者多个方案同时上线，同时去对比每个方案的优劣，如此，就能有效避免测试流程复杂、周期长的难题，为企业节省了验证时间。

科学性：分为两个部分，一是流量的科学分配，指的是用小部分流量用户来代表整体用户；二是统计的科学性，指的是在统计试验结果时，用统计指标判断这个结果是否具备可行性。

2. A/B测试优化应用场景

A/B测试与应用场景的关系，包括了三个层面的内容，分别是元素/控件层面、功能层面、产品层面（见图9－12）。

下面分别介绍这几种应用场景。

元素/控件层面。这个层面其实很好理解，我们打个比方，如果要对一个按钮的颜色在点击率、转化率有无提升作用方面进行测试。按钮原始

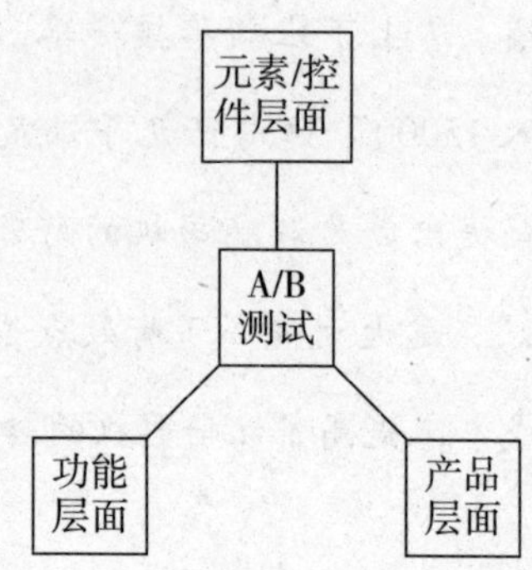

图 9－12　A/B 测试包括三方面应用场景

的颜色是红色，后改为绿色或者灰色，然后再看点击率和转化率有没有提升。按 A/B 测试的流程将之分为 A \ B \ C 三组，科学分配三组的流量，一段时间后，就能得知哪个颜色对于点击率、转化率的提升效果最好。

功能层面。我们可以通过一个产品价格的测试来理解这个含义。某些网站主页会展示特价折扣率或直接展示折扣价格，这两种展示方式哪种更能刺激用户的购买欲呢？男性用户可能更关注折扣后的价格而不关注折扣率，女性用户则会更加关注折扣率。这都需要进行 A/B 测试。

产品层面。通过 A/B 测试，可以提前发现产品的 BUG。这对开发人员来说，就等于有充分的时间进行 BUG 修复，在 BUG 修复之后，再重新提交，对用户体验的负面影响降至最低。

3. A/B 测试步骤

A/B 测试的特性和场景介绍完之后，我们接下来了解详细的 A/B 测试步骤（见图 9－13）。

第一，确定目标。首先要确定 A/B 测试要达到的目标，例如，想要对购买的转化率或者着陆页的点击率进行提高等。

第二，设计变量。确定目标后，就要设计进行测试的变量是什么，比

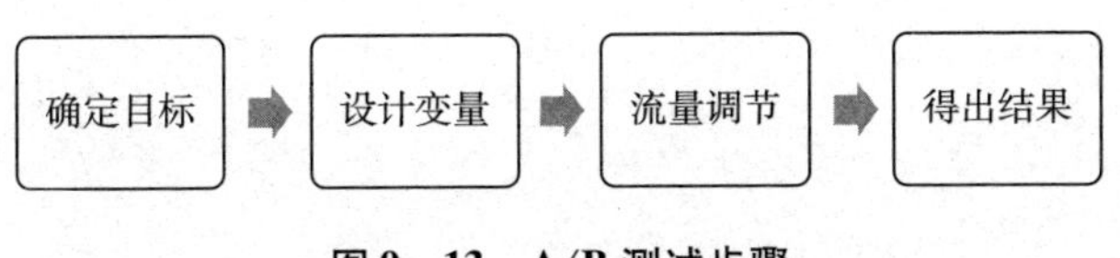

图 9－13　A/B 测试步骤

如不同的颜色、文案等；然后再去确定什么样的数据才能够代表指标。确定好这些之后，就可以将新版本上线。

第三，流量调节。在流量调节的环节中会设置 A、B 两个版本，各有 50% 的的访客量，这里的 50% 是一个相对的概念。借用原有的总流量的 10% 进行测试，再把这 10% 一分为二，分别给 A、B 两个版本。

第四，得出结果。沉淀一段时间后，再来看转化率及点击率与原始版本相比有没有提升。沉淀时间一般是两周，两周的时间足够涵盖用户使用产品的周期。同时，在这个时间段内，用户的行为就会产生一定的模式。